気付かぬうちに
社員の生産性を下げる

勘違いマネジメント

MISUNDERSTAND MANAGEMENT

大石和延
OISHI KAZUNOBU

幻冬舎MC

気付かぬうちに社員の生産性を下げる

勘違いマネジメント

はじめに

多くの企業が人手不足に悩んでいます。帝国データバンクの「人手不足に対する企業の動向調査（2024年1月）」によると、人手不足を感じている企業の割合は52・6％となり、コロナ禍の時期を除く過去10年間、非常に高い水準で推移しています。同調査では、人手不足を感じている企業ほど人材の確保・定着のために賃上げの傾向にあると分析しており、実際に大手企業を中心にベースアップが続いていますが、そうしたくてもできない中小企業にとっては、さらなる逆風となっています。

賃上げによる人材確保・定着が難しい状況で、中小企業が経営を続けていくためには、今いる人材の力を引き出して生産性を向上していく必要があります。しかし、この点において多くの中小企業経営者は適切な人材マネジメントができておらず、今もなお目の前の人手不足に頭を抱えてしまっているのです。

私自身、かつてはマネジメントを自分の思い込みでやっており、長い間経営改善に悩み続けていた中小企業経営者の一人でした。課題に直面するたびに悩み苦しみ、解決策を模索し続けてきましたが、その過程で、それぞれの課題に個別の対策を考えるよりも、今いる人材を活用しきれているかどうかに目を向けるべきだと発想を切り替えました。その視点で自身のマネジメントを振り返ると、私がなんの疑いも持たずに発してきたさまざまな言動が、気付かぬうちに社員の生産性を低下させてしまっていたのだと思えてきたのです。例えば、私はよく従業員を育てるつもりで「自分で考えて好きにやってみろ」などと過度な裁量を与えたり、社歴が長いというだけの理由で管理職に昇進させたりを繰り返していました。しかし、こうした私の言動は決して成果には結びついておらず、それればかりか、かえって組織の不調和を招くことにつながっていました。

そこで私はこうした〝勘違いマネジメント〟を自ら疑い、それらを一つひとつ検証して正していくことで組織運営における根本的な問題の解消に努め、会社の組織力を向上させていきました。

私はこれらの経験を活かし、2012年から経営コンサルティング事業を展開しており、人材の確保と育成に悩む多くの中小企業経営者の課題解決に尽力してきました。私の会社と共通する勘違いマネジメントも多く見つけましたが、他社のコンサルティングを行う中で新たに見つけた勘違いはいくつもあります。そこで本書では、中小企業経営者が陥りがちな勘違いマネジメントを「組織内コミュニケーションの問題」、「社員の育成における問題」、「人材配置の問題」の3つに大きく分類して、その解決策として私が自社で実践してきたことや経営コンサルティングで伝えてきた知見を集約しました。すべての勘違いをただちに一掃することは難しくとも、今、会社を圧迫している最も大きな要因にフォーカスし、そこにある勘違いを丁寧に拾っていくことで、経営改善は劇的に進みます。

本書を通じて、多くの中小企業経営者が〝勘違いマネジメント〟の実態を認識し、それを改善することで、具体的な解決策を見いだす手助けができればと考えています。

この書籍が、魅力的で強固な組織に変革する助けになることを心より願っています。

目次

第1部

社員の流出が止まらず、採用活動もうまくいかない……中小企業が直面する人材の悩み

第2部

今いる人材を活用しきれているかどうかに目を向ける！経営者は気付かぬうちに社員の生産性を低下させている

Part 2

社員育成における勘違い

Part 3

人材配置における勘違い

第3部

コミュニケーション、社員育成、人材配置……よくある〝勘違いマネジメント〟から脱却すれば生産性は高まる

第4部

人材を活かすも殺すも経営者次第――勘違いを一つひとつ正していけば強靭な組織に生まれ変わる

第1部

社員の流出が止まらず、採用活動もうまくいかない……中小企業が直面する人材の悩み

深刻化する中小企業の人材不足

中小企業における人材不足が深刻化しています。独立行政法人中小企業基盤整備機構が2023年12月21日に発表した「人手不足に関する中小企業・小規模事業者の意識調査」の結果によれば、全国の中小企業・小規模事業者のうち、3割強が深刻な人手不足に陥っていると回答しました。また、6割以上が人材不足について「将来的に大きな影響を及ぼす重要な問題」ととらえていることが判明しています。

日本は全体的に人材不足の状態です。そこには、大きく分けて「日本の人口動態」「専門知識・技能を持つ人材の不足」「待遇や労働条件、業務環境の問題」という3つの原因が考えられます。1つ目の「日本の人口動態」は、深刻な少子高齢化による若年層の労働人口の減少です。日本の生産年齢人口（15～64歳）は1995年をピークに下降の一途をたどり、2023年はピーク時に比べておよそ20％も減少しています。2つ目の「専門知識・技能を持つ人材の不足」は、市場規模が拡大しているＩＴ

図1　人手不足の深刻度（%）単一回答

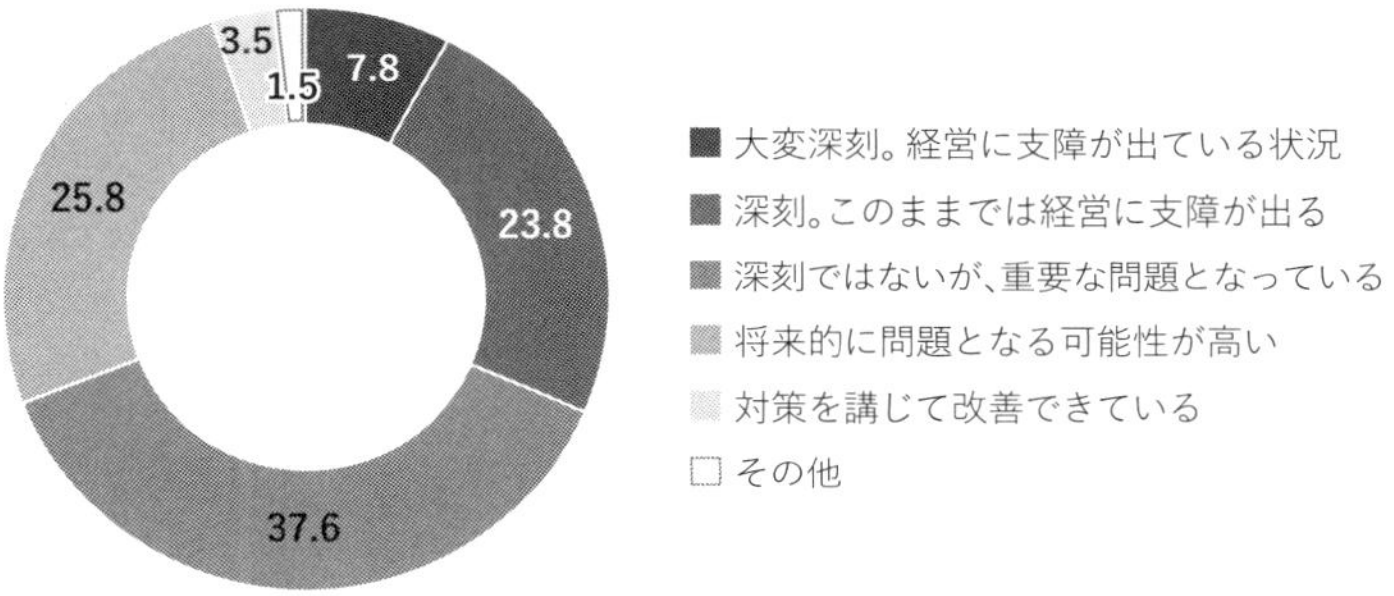

出典：独立行政法人中小企業基盤整備機構「人手不足に関する中小企業・小規模事業者の意識調査」2023年

業界や、高齢者の人口増による影響が大きい医療・介護業界のように、社会情勢によって需要が増えている業界が顕著に抱えているものです。３つ目の「待遇や業務環境の問題」は主に中小企業が抱える問題で、大企業と比較して知名度や待遇が低いことが人材採用に大きな影響を与えています。

このような中で、従業員の退職や採用難、人件費高騰などに起因する「人手不足倒産」は、２０２３年度に過去最多を更新しました。日本の人材不足は深刻な社会問題なのです。

人材を採用できたとしても定着しない

人材不足を解消しようと多くの企業が採用活動に力を入れますが、なかなか実を結ぶことができません。売り手市場である現在、自社の魅力を懸命にアピールしても、中小企業は知名度や雇用条件、オフィス環境などの面で大手企業に比べて劣っているのが現状です。転職や就職を考える多くの採用候補者が大手企業へと流れてしまい、中小企業は募集定員を確保するだけでも一苦労です。

ようやく採用に至ったとしても、ここからさまざまな課題を抱えます。例えば、ミスマッチの問題です。経歴を見て「この人ならうちで活躍してくれるだろう」と内定を出したにもかかわらず実際に働き始めると、仕事内容と本人の能力が噛み合わなかったという事態に直面したことがある経営者は多くいるはずです。企業のニーズにあった人材を探し出すことはとてもハードルが高いのです。

ミスマッチの延長線にある人材定着率の低さも経営者を大いに悩ませていることの一つです。昨今、就業先から数年以内に離職する「早期離職」が問題になっています。入社して半年から2年程度の経験を積み上げて、ようやく企業の戦力として成長した社員が辞めてしまうのは大きな痛手です。新卒採用のケースでみると、２０２０年度における「新規学卒就職者の就職後３年以内の離職率」は、高卒就職者で35・9％、大卒就職者で31・5％です。社員が10人入社しても3年後には7人に減ってしまうのです。このような高い離職率は中小企業に限らず、近年では大手企業にとっても大きな問題になっています。

離職の原因についてまず挙げられるのが、組織内で何気なく行われているコミュニケーションの問題です。例えば、何かミスやトラブルが発生した際、それを引き起こしてしまった人材に対して気分を変えたり励ましたりする目的で食事や飲みに連れて行くことはよくあります。しかし、これは多くの上司が正しいものと思い込んでいる「コミュニケーションのＮＧ事例」の一つです。人情味のある意思疎通は人を惹きつける魅力的なポイントでもありますが、十分に気を付けないと、各業務に混乱を生じさせるコミュニケーションが発生しかねません。経営者と現場、管理職層と現場のコミュニケーションが意図せず組織の生産性にマイナスの影響を与えてしまい、結果として個人が退職する要因になることは少なくないのです。

つぎに、人材育成に重大な課題が潜んでいる点です。従業員数が多くない中小企業では、すぐに即戦力として活躍してほしいため、人材育成や能力開発の機会を十分に持つことが難しいのです。また、社員の出入りが多い企業では担当者の変更が多いために、人材育成や能力開発においてマニュアルの確立がないまま社員ごとに異なる引継ぎを行い業務に応じてもらうことになります。そのため、育成に必要な社員の前提意識や育成基準があいまいのまま仕事をスタートしてしまう企業が非常に多いのです。

さらに、管理職の登用を中心とした人材配置によるエラーも、企業で起こりがちな人材流出を引き起こす問題の一つです。経営者は人材を活かすことの大切さをよく理解している人が多いにもかかわらず、いざ自社で人材配置をすると〝戦略や意図を感じられない人材活用〟になることが多いのです。例えば、私が以前、組織改革コンサルティングを行った企業では、現場の社員からの人気や社歴の長さで部長職への昇進を判断している経営者がいました。

どの職種や職位、業務にも必ず適性が存在します。これは至極当然のことですが、中小企業の経営においては、それをしっかり見極めることなく経営者の個人的な感覚で人事配置を行ってしまう事例があとを絶たないのです。

失敗の連続から学んだこと

中小企業が抱える採用難や低い定着率による人材不足は、私が経営してきた物流会社でも大きな問題でした。もともと学生の頃から「いつか会社を経営したい」と夢見ていた私は、20歳のときに知り合いの社長が背中を押してくれたことをきっかけに起業しました。

起業当時、私は約3年間、アルバイトをしたことがあるだけで、ほとんど社会人経験がない若者でした。一人社長でも軽トラック1台を相棒に、中堅運送会社の下請け業務を請け負いながら懸命に仕事に打ち込んだことで、２年後には事業を大幅に拡大することができて従業員を雇えるほどになりました。起業して3年が経った２００１年には有限会社として法人登記し、昔から憧れていた会社経営をようやく自分の手で実現できるところまでたどり着いたのです。

しかし、現実は理想と大きくかけ離れていました。私が仕事をすればするほど組織がまったく機能しなくなっていったのです。

例えば、採用に失敗してしまうことは日常茶飯事でした。優秀な人材を雇いたくても、そもそも候補者が集まらない、やっと良い人材を見つけても内定を辞退されてしまう、なんとか採用できた人材が思っていた以上に仕事ができない……。経営者になって以来、私の頭を悩ませるのは人材のことばかりでした。

また、何度教えてもなかなか覚えられない社員、こちらの伝えたことを正しく理解できない社員にイライラすることも多くありました。時には仕事のやり方や考え方をめぐって、社員同士で対立や論争が勃発したこともありましたし「私よりも年齢が高く、人生経験も豊富だから」と管理職に据えた人材がうまく機能しないこともよくありました。

思えば起業してからの10年間は安心して眠りに就くことができた日がほとんどありません。毎日が失敗の連続で、トラブルのたびにその場しのぎの人材採用でなんとか組織を運営してきたのが実情だったのです。

毎日が本当にギリギリの状態を耐え抜く中で、私は「どうして円滑な組織運営ができないのか」「なぜ人材確保が難しくさまざまなトラブルが発生してしまうのか」と何度も自分に問いかけ続けました。その中であるとき、「そもそも私自身がきちんと組織の構造を理解できていないのではないか」「組織運営に対して私が誤った行動や言動をとっていたのではないか」と考えるようになりました。

自分の組織運営に対する勘違いに気が付いたとき、私は会社がうまく回っていかない原因を社会や社員、環境のせい、つまり自分ではなく外部のせいにしていたことに気付きました。大手企業のように潤沢な資産もなく、求人が殺到することなどない私の会社が、今後もしっかりと前に進んでいくには、「今いる人材」を最大限に活かすことを最優先に考えるべきだと理解したのです。

「今いる人材」をより一層活用していく必要がある

人材難に悩む中小企業が安定した経営を行うためには、今いる社員一人ひとりの生産性を上げ、会社全体として最大限のパフォーマンスを上げる組織づくりをしなければばなりません。組織のあり方を見直し、コミュニケーションのとり方や人材育成、人材配置をあるべき姿に整えれば、競争が激化する採用市場の中で血眼になりながら人材確保に勤しむ必要がなくなります。むしろ、組織づくりが成功すれば、自社にまつわるほとんどすべてがうまく回るようになります。

現場の社員が与えられた業務に対して100％の力を発揮できれば、部署としてこれまで以上の成果を出すことができます。また、各部署が従来よりも数％上乗せした成果を出し続ければ、会社全体の業績は上昇トレンドを描くことになります。

業績が改善すれば、従業員の給与やボーナスを増やし、人材育成への投資、設備投資などに回すことができる資金が増え、必然的に社内の就労環境が良くなっていきます。すると、これまで長い時間をかけて人材確保に頭を悩ませてきたことが嘘のように、人が集まる強靭な組織へと生まれ変わることができるのです。

実際に私の会社では2012年から組織づくりに力を入れ始め、今では新卒も中途も採用に困ることはほとんどなく会社の成長に合わせて必要な人数を確保することができています。また、これまでは採用が難しかった有名大学の卒業生といった優秀な人材も門を叩いてくれるようになり彼らは伸び伸びと私の会社で働いてくれています。

自社をもっと良い会社にしたい、成長・発展を遂げながら長く続く組織にしていきたい、そのような願いはあらゆる中小企業の経営者に共通するものです。そうした願いを叶えるために、まずは「今いる社員を活かす」という意識を持つことが重要です。

第2部

今いる人材を活用しきれているかどうかに目を向ける！経営者は気付かぬうちに社員の生産性を低下させている

多くの経営者は気付かぬうちに生産性を低下させてしまっている

今いる人材を活かすという視点は、経営者であれば一度は考えたことがあると思います。最近では、国が今後の労働力人口の減少を懸念し「人的資本経営」をさまざまな場面で標語として掲げています。人的資本経営とは、従業員が持つ知識や能力を資本とみなして投資の対象とし、人材の価値を向上させ、長期的な企業価値の向上につなげようとする経営のあり方を意味します。私自身、これまでの経験を活かして組織改革コンサルタントを行っていますが、この言葉を耳にして人材の育成と活用に力を入れ始めた経営者は、ここ最近で一気に増えたように思います。

しかし、人材活用を意識し始めたのはいいものの、社員のモチベーションを高めること、教育機会にお金を使うことばかりに目が向いて、肝心の「社員を活かす組織づくり」についてはノータッチという企業が多いと感じます。その結果、経営者や管理職層による日々の何気ない善意の言動が、思わぬ形で組織の生産性を低下させている状況をよく目にします。

社員を活かし、組織の生産性を最大限向上させるには、組織の基盤をしっかりと整えなければなりません。地盤の固まっていない沼地に家やビルを建てることができないのと同じです。会社として業績を上げ、継続的な成長を遂げたいのなら、何よりも先に組織の土台を固め、揺らがない基盤をつくる必要があります。

そのためにも、自分たちが日頃から「正しいもの」と信じて実践してきたマネジメント手法やコミュニケーションスタイルのなかに、〝勘違い〟が数多く潜んでいることを自覚しなければなりません。誤った意識や行動を続ければ、いくら組織づくりを始めたとしても、うまくいくものもうまくいかなくなってしまいます。

私のこれまでの経験から、〝勘違いマネジメント〟は大きく分けて「組織内でのコミュニケーション」「社員育成」「人材配置」の３つの領域で発生していると考えています。これらは、どうしても経営者の感覚と過去の経験に頼って自己流のやり方で進めてしまいやすく、明確なルールや基準があいまいになってしまうものです。それゆえに、組織の生産性を高めるうえで足を引っ張りかねないＮＧ事例がさまざまなかたちで発生してしまっているのです。

Part 1

コミュニケーションにおける勘違い

「モチベーションを上げろ」と単純に言う勘違い

経営者であれば社員のモチベーションを上げ、良い仕事をしてもらいたいと考えるのは当然です。私のもとにも、毎月のように、部下のモチベーション管理に関する相談が舞い込んできます。

一般的に、モチベーションが低くなるとパフォーマンスが下がるといわれます。たしかに普通に考えれば、やる気に満ち溢れた社員のほうが、そうでない社員よりも良い仕事をしてくれそうです。だからこそ、組織として最大限のパフォーマンスを出すために、モチベーション管理を適切に行って、与えた業務に対して社員にやる気を出してもらいたいと考えるのです。モチベーションを上げるという目的のもと、社員とこまめに面談を行い、ことあるごとに飲みに連れて行って日頃のストレスを解消させようとする経営者や管理職は少なくありません。

しかし、それは必ずしも得策ではありません。仕事とは本来、やるべき物事を遂行することです。試しに手元にある国語辞典で「仕事」という言葉を調べると「職業や業務として、すること」という説明が出てきます。また、関連して「働く」という言葉を調べると「目的にかなう結果を生じる行為」という説明がなされています。そこに、個人のやる気に関する記述はありません。言葉の定義からみれば、仕事を遂行することに個人の感情が入る余地は一切ないのです。

極端な例を出しますが、部下が「彼女に振られてしまったから、仕事をやる気になりません。営業目標は達成できません。すみません」と謝ってきたとしても「はい、そうですか」とはならないはずです。部下の心境に多少の同情はするかもしれませんが業務上、求める結果が出せない理由として私情を挟んでくることに、とうてい納得することはできないと思います。たとえ何があったとしても、仕事はやり切らなければなりません。モチベーションに仕事のパフォーマンスが左右されてしまう状況は、本来はあってはなりません。

モチベーションは、人によって大きく異なって当たり前です。例えば、この書籍の制作に関しても、関与度合いによって、私を含めた複数の担当者間でのモチベーションは絶対に違うはずです。著者である私のモチベーションは当然のことながら非常に高いですし、本の印刷で関わる印刷会社の人たちのモチベーションはそこまで高くないかもしれません。しかし、どの担当者も目の前の業務をしっかりこなすことで完成度の高い書籍が出来上がります。それがプロの仕事です。

もし、この書籍出版プロジェクトで「全担当者のモチベーションを管理しよう」とこだわっていたら、誰のモチベーションの高さに合わせて各担当者のやる気を引き上げるべきなのか、答えの出ない問いにぶつかってしまうと思います。大切なのは、クオリティの高い本を作るということです。校閲の担当者や印刷会社の人たちが私ほど高いモチベーションがなくても、与えられた業務をしっかりとこなして結果を出してくれれば、質の高い本が出来上がるのです。そこにモチベーションの介在は不要です。

そして、モチベーションの高低は、個人の知識の豊富さや技術の高さと紐づかないこともよくあります。例えば、私は最近、高校のバレーボール部をテーマとした漫画・アニメ作品にはまっているのですが、この作品の中では対照的な2人の人物が登場します。1人は主人公で、バレーボールをプレーすることに非常に前向きです。

「どんな球だって打つ！」「おれがいればお前は最強だ！」と強気でやる気に満ち溢れたセリフをよく言うのですが、バレーボールの技術はそこまで高くありません。一方、ライバル校のバレーボール部に所属するあるキャラクターは、競技自体をそこまで愛してはいません。部活を続けるのは、友達が困ってしまうからというなんとも消極的な理由です。プレーへのモチベーションは非常に低いものの、作戦を立てる力が誰よりも優れており、チームの勝利に次々と貢献していきます。このように、モチベーションの高さは、目の前の業務に対するスキルや知識の習熟度とパフォーマンスの高さに直接結びつかないことが多いのです。

そもそも、モチベーションには存在すべき〝位置〟があります。仕事でいえば、業務への取り組みにモチベーションは介在してはなりません。組織の構造上、業務は自社の目的を叶えるために各社員に割り当てられるものであり、各社員が業務に取り組むこと、設定されたゴールを達成することはマストで行われるべきです。モチベーションは、「与えられた業務を遂行する」「その業務に紐づく成果を出す」という大前提の上に存在するもので、仕事の中ではあくまでもプラスアルファの要素でしかありません。

そう考えると、組織として社員のモチベーションの高低に真正面から向き合う必要はないことが分かります。モチベーションや個人のやる気は、非常に概念的で、実体のない曖昧なものです。組織をうまく回したいのなら、中小企業の経営者は、モチベーションとは特に向き合わないほうが良いと思います。むしろ、そうした個々のやる気はマネジメントしないと割り切って、あくまでも結果で仕事を管理していくべきです。我々は、他社の内面までを変えることはできません。会社としてできるのは、各社員に業務を与え、個々の能力値に合わせた目標を数字で示し、その成果を管理する、それだけです。

しかし、不思議なもので、そうした組織の基本的な動きを徹底していくと、自然と組織に活力が生まれます。大きな目的のもとに、各社員の業務と達成すべきゴールが定められていると、いつの間にか皆でゴールを目指すことが楽しくなり、テンションが高くなっていきます。

高校の野球部などでも、こうした現象はみられます。各部員にやる気を出させようと躍起になっていた頃は、部全体の成績が芳しくなかったのに、「甲子園に出場しよう」という大きな目標を立て、それを実現するための適切な練習メニューを組み、各部員にやるべきことを割り当てて各自がそれを達成していくことで、いつの間にか多くの部員の中に「俺たちは強いかもしれない。甲子園に出られるかもしれない」というポジティブなマインドが生まれてきます。そのマインドが部全体で合致することで、野球部が非常にモチベーションの高い〝良いチーム〟に変化していきます。つまり、モチベーションとは外的な働きかけで意図的に創出するものではなく、組織としての土台と環境を整えることで自然とおのおのの内面から湧き上がってくるものなのです。会社は、各社員に何を求めているのかを明示し、そのためにすべきことを指示するだけでいいのです。

ただし、一つ注意してほしいことがあります。業務にモチベーションは必要ないとはいえ、もしも目の前の社員や部下のやる気が著しく下がっているように見えるのなら、その現実を無視しないでください。やる気が下がっているのには、何かしらの原因があるはずです。その原因を探ることなく「お前のやる気は関係ないからさっさと成果を出せ」と指示しても解決になりません。何が社員の業務を阻害しているのかを分析し、要因を取り除く。そして、組織の基本的な流れがうまく回るように環境を整えていく。これこそが経営者や管理職が行うべき、真のモチベーション・マネジメントです。

「責任を持つから好きにやっていい」という勘違い

研修やコンサルティングの中でモチベーションの話をすると、そこから派生して「社員の自主性を尊重すること」と「管理者としての責任を放棄すること」をはき違えている事例によく出合います。現場のやる気を最大限に引き出したいからと、社員が自由に行動できる環境を与えるべく、経営者や管理職が「俺が責任を取るから、現場の考えで好きにやっていい」と社員に伝えているのです。

組織特有の理論や業務に紐づく責任のことは一切気にせず、解決すべき問題について最も理解している現場が思うとおりに動けばいい。こうした言葉は、事件やビジネスをテーマにしたドラマの中でよく使われている印象があります。私の大好きな「踊る大捜査線」シリーズでも、映画『踊る大捜査線 THE MOVIE2 レインボーブリッジを封鎖せよ！』の中で、俳優の柳葉敏郎さん演じる室井管理官が、鬼気迫る表情で「責任を取る。それが私の仕事だ」と現場の刑事に向かって言う場面があります。このシーンは何度見てもグッときます。室井管理官は、部下に全幅の信頼を置いて裁量を与える非常にカッコいい上司です。しかし、これはドラマだから良いのです。フィクションの世界だから、現場が自由に動いても、結果的に良い形で犯人の検挙ができ、華々しい成果で終わることができます。

現実の世界では、室井管理官のようなことをやってはいけません。現場が組織のルールを破ることを許したり、そもそも各社員が従うべきルールや目標を設定することなく「好きにやっていい」と言ったりすることは、完全に上司や経営者による管理責任の放棄です。管理職や経営者が行うべきマネジメントは、現場の社員に好き勝手な行動をさせて、出るかどうか分からない成果を待つことではありません。

私の経営する会社でも以前、課長職についていた人間が、特にルールや目標設定を行うことなく「自分が責任を持つので、現場の皆が好きなように仕事をしてくれていい」とメッセージを発していたことがありました。しかも、その課長のもとで働く部下も、管理職としてあるべき姿について誤解をしているようでした。というのも、部下は「『自分が責任を持つから好きにやれ』と言ってくれる課長は、本当に良い上司だ」と、同僚たちに誇らしげな美談として話していたからです。

私は折を見て、その課長と部下に「課長が責任を取るというのなら、部下は数字を上げる必要がないね。だって、もし成果が出なくても、課長が全部責任を取ってくれるのだから。部下は仕事をしなくて良くなるから、楽でいいね」という話をしました。冗談のように軽い話し方をしながら心の奥では勘違いに気が付いてほしいと願っていたのです。すると、課長は急に慌てて「そういう意図で発した言葉ではない」と否定し、部下も驚いた様子を見せました。私はその後、2人に真のマネジメントとは何かを解説したのです。

いくら純粋に「部下が働きやすくなるような環境にしたい」と思う気持ちから発言したとしても、組織の基盤を整えずに「俺が責任を持つ。現場は好きに動け」というメッセージを伝えては、働かなくていいと言っているのも同じことです。組織には、10人いれば10通りのバックグラウンドを持ったメンバーがいます。「きっと仕事をするだろう」という、性善説に基づいた前提を置いてはいけませんし、社員が自分と同じような考えや知識、スキルを持っているだろうという思い込みのもとに裁量を与えてはなりません。むしろ、ルールや目標を設定していない中で「自由に動け」と言われても、それは上司から何の指示も与えられていないのと同じです。部下は逆に仕事がしにくくなるでしょう。何より、部下は上司や組織の判断軸を探りながら仕事をしなければならないので、パフォーマンス面から見てもかなり非効率です。

業務内容や目標、ルールを明確に設定せずに「好きにやっていい」と言ってしまうと、場合によっては、〝モンスター社員〟が誕生してしまうリスクもあります。以前、私がコンサルティングを担当していた企業で、そうした事例がありました。

その会社では、経営者が「責任のことは気にしなくていい」と言って、あるリーダー層の社員に比較的大きな裁量を与えていました。ところが、会社が一時的に経営不振に陥った際、経営者は業績の立て直しにかかりきりとなり、社員に対する業務内容や目標の指示がおろそかになってしまいました。その結果、リーダー層の社員のもとには部下に指示を出すための権力だけが残るという事態に。すると、彼はその権力を悪用しだし、部下にチームの仕事をすべて押しつけて、自分は働かずにサボるという状況が生まれてしまったのです。

結局、彼は部下からひどく嫌われ、経営者も事態の深刻さに気が付き、リーダーの職を解いたそうです。社員に対して明確な役割と目標、課題、責任を与えずに好きに行動ができる状況をつくってしまうと、こうした最悪の事態を起こしてしまう可能性があります。

　現場を自由に動かしたいのなら、社員が自分の裁量で動いてよい範囲をしっかりと定める必要があります。ルールや目標で制限がかかる中で業務を進めていくのなら、各自が思うように行動してもらっても構いません。組織の土台がしっかりできているのであれば、先ほどの室井管理官のようなセリフを使って現場を鼓舞してもよいと思います。

　ただし、ひとたび「好きに動いていい」と言うのなら、何かトラブルが発生した際に本当に責任を取る覚悟を持ち、各社員が出してきたアウトプットに対して、重箱の隅をつつくような後出しの文句を言ってはなりません。ただ、ルールや目標をしっかりと定められているのなら、たいていの場合は大きなトラブルや齟齬は発生しないと思います。

　例えば、私も時折、組織構造学の研修やコンサルティングを一緒に手がけている杉渕というメンバーに対して、研修資料の最終仕上げなどを彼の裁量のもとに一任することがあります。「君の感覚で」という言葉を添えて、「間違っているところがあれば修正を加え、1週間後までに100ページを仕上げてほしい」といった形で業務を依頼するのですが、彼に対してこのような指示が出せるのも、これまで杉渕と密なコミュニケーションを繰り返してお互いに目線や認識、ルールの理解が一致していると思えるからです。私はこの業務の中で、修正してきた資料を見て「確認作業を経たのに、40ページ目の内容が間違っているじゃないか。何をやっているんだ」などと、とやかく言うことはありません。万が一間違っていたとしても、それは私の責任です。粛々と修正をすることはあれど、彼を責めるようなことはしません。

責任を取るとは、そういうことなのです。やってほしいこととルールを明確に示したうえで現場にある程度の裁量を持たせてその成果を引き受けることであり、決してマネジメントを放棄することではないのです。

このように、社員の裁量を本人に任せるのはかなり難易度が高いものです。ですから、まず管理責任者が行うべきは、会社の目的に従って定めた各社員の業務に対し、「いつまでに」「どのような事柄で」「どれくらい」の成果を出してほしいのか、期日と求める結果の内容、こなしてほしい量の3つのポイントを明確に示したゴールを設定することです。例えば、営業担当者に「今月末までに新規顧客からの契約を30件獲得する」といった具体的な目標を与え、それに対して出てきた結果で、各社員の今後の業務内容や目標を調整し、管理することです。

「早いから中間を飛び越えた指示が効率良い」という勘違い

経営者が行うべきマネジメントという観点でいえば、社内における指示や報告、相談のルートについても十分に気を配る必要があります。

最近よく聞くのが、「社長とフラットなコミュニケーションがとれる職場」を目指しているというケースです。部長や課長、係長といった役職を置いているにもかかわらず、社長から社員に直接指示が飛んだり、係長が部長や課長を飛び越えて直接社長に相談を持ち掛けたりと、本来ならば関わることが極端に少ないはずの現場と経営層が、相互に密なコミュニケーションをとっている事例をよく耳にします。昨今は風通しの良い職場が支持される傾向があるので、現場と経営層が忌憚《きたん》なく意見を交わすことができる社風をつくり、それを採用活動時の訴求ポイントとして考える企業が多いようです。

ほかにも、業務効率の観点から「フラットな職場」を目指しているという話を聞くことがあります。経営層から現場に直接指示を出すことができれば、組織内の伝言ゲームの中で指示がねじ曲がって伝わることがなく、コミュニケーションも1回で済むために効率的だというのです。私が先日コンサルティングを行った企業でも、同様の理由から、社員全員が参加するグループLINEを作っているところがありました。そのグループの中では、社長自ら現場に業務の指示を出し、改善点があれば社長自身がそれを指摘するということが行われていました。

しかし、こうした中間を飛び越えたコミュニケーションは、業務を遂行するうえで必ずしもプラスに働くとは限りません。むしろ、組織の機能不全を引き起こす可能性が高くなります。そのため、私は組織構造学の研修やコンサルティングの中で、「フラットな職場づくり」を勧めることはありません。逆に、しっかりと組織の上下構造を整えることをアドバイスしています。

組織は、縦に上下の関係性が成り立つのが正しい形です。組織が掲げる目的の達成に向けて行動が始まったとき、指示を出す人が上にいて、それを聞いて実行に移す人が下にいる。この小さなユニットがいくつも連なって1つの大きなピラミッド型の構造をなしているのが、正しい組織のあり方です。

では、組織はなぜ、こうしたピラミッド構造を持つのが良いのでしょうか。それは、大きな目的が達成しやすくなるからです。どのような目的も、要素を分解すれば、小さな行動の集合体です。行動の数が多ければ多いほど、大きな目標、ビジョンを叶えられることになります。会社でいえば、経営者が大きなビジョンを描き、それを分解して下の階層へと降ろしていき、「新規営業30件」「コストカット20％」といった細かな業務目標を現場に達成してもらうことで、大きなビジョンでも実現を目指すことができるのです。

この観点から考えれば、経営者が担う役割は自社のビジョンを描き、目的を達成するために自社が行く道を選ぶことだといえます。例えれば、経営者は大きな船の船長であり、目的地を定め、そこに行くための航路を考えることが仕事です。

社長が自ら現場に指示を出したり、現場からの報告や相談を受けたりすることで、自身の意図は言葉のニュアンスまで含めて現場に正しく伝わっていくことでしょう。しかし、経営者の「大きなビジョンを描く」という役割を全うする時間は確実に減ります。目的地がなければ、船はそれ以上前に進むことができません。あるいは航路が描かれていなかったり、誤った航路を選択してしまったら、最悪の場合、船は座礁してしまいます。経営者が大きなビジョンを精度高く描けていないと、会社も継続的な成長・発展を望むことは難しくなります。経営者は、社員とのコミュニケーションに気を取られ、現場の些末な問題に頭を悩ませている場合ではないのです。

だからこそ、経営者と現場の間に、部長や課長、係長といった役職が存在します。部長や課長が経営層の指示や自社のルールを的確に理解し、現場に指示を出し、現場からの報告や相談に対応すれば、経営者の時間を必要以上に割かずとも組織は大きな目的に向かって確実に動いていきます。「社長とフラットなコミュニケーションがとれる職場は良い職場である」という認識は、大きな勘違いだといえます。

また、中間を飛び越えたコミュニケーションが常態化すると、社内の風通しが良くなるどころか、逆に空気が悪くなってしまうこともあり得ます。というのも、人は嫌なことからはなるべく逃れたい生き物だからです。

例えば、業務上発生したトラブルなどの悪い報告があったとき、部長や課長を飛び越えて社長に話を持っていける状況だと、社員は部長や課長を悪者に仕立て上げて報告をするかもしれません。逆もまたしかり。部長よりも自分のほうが優れているし、社員もいろいろと言いやすいだろうと社長が天狗になって社員とコミュニケーションをとっていると、その空気は瞬時に社員に伝わって、いつの間にか部長が社内の悪者になり、存在意義がなくなってしまいます。最悪の場合、その悪者にされた部長は転職してしまうかもしれません。課長や部長よりも、社長に認められるほうがよいという現場の認識になってしまうと、組織は崩壊してしまうのです。

ただ、組織の上下構造をしっかり整えようとアドバイスをすると、情報の伝達にエラーが生じることを懸念する人が出てきます。その懸念は、2つのポイントを意識することで払拭できます。

1つ目が、役職に就かせる人の能力要件をしっかりと定め、その要件を満たす人にポジションを与えるということです。今回の組織構造の観点でいえば、役職者には「伝言力」が求められます。具体的には、上から降りてきた指示を分解し、部下にどのような言葉を使って指示すれば正確に伝達できるかを考え、実行できる能力です。こうした力は高い階層の役職ほど求められます。

組織構造がしっかりと整えられれば、上の階層にいる人たちは理解力が高く、言語による伝達能力の高い優秀な人材がそろっているはずです。階層の数が非常に多い大手企業の上層部に優秀な人材が起用されるのは、その人の功績が会社に大きく貢献しているというだけでなく、情報の伝達を正しく行い、組織を目的に向かって正しく動かしていくためなのです。

そのため、中小企業においては、情報伝達の正確性の観点からも、役職者の数をむやみに増やすことはやめたほうがよいです。階層の数が少なければ、それだけ伝言が発生するポイントが減るため、中間を飛び越えたコミュニケーションをせずとも経営者の意図が正確に現場に伝わっていくからです。

２つ目が、業務上の指示や報告、相談ではない場面で、経営者の考えを発信する時間をつくることです。会社の展望は自社の理念と深く関わっているので、経営者自身の言葉でしっかりと現場の社員に説明をしたほうがよいと思います。可能であれば、一度で終わらせるのではなく、現場の社員が納得感を持って理解できるまで何度も行うべきです。

社員が自社のビジョンを正確に理解できれば、その後上司から降りてくる指示が持つ意味を理解し、目的を誤解することも減り、業務をより良い形で進めることができるはずです。もちろん、飲み会などの「オフ」の場でのコミュニケーションは、組織構造を意識せずとも構いません。むしろ、互いの人柄を分かっていたほうが働きやすくなりますから、飲み会やランチ会などで現場の社員と積極的にコミュニケーションをとってもよいと思います。

しかしそれは、あくまでもオフの場面でのみ。ひとたび業務に戻れば、経営者は自分が会社のかじ取りをする大切な役割を担っているという自覚を持って、組織の上下構造を守ったコミュニケーションを心がけなければなりません。

「うまくいってる？　声をかけてあげるのが正しい」という勘違い

社内のコミュニケーションに関しては、管理職層のやり方にも目を光らせる必要があります。例えば、自社の部長や課長が、部下に対して業務と締切日、目標とする成果を指示したにもかかわらず、期日を迎える前に「うまくいってる？」と業務の進捗状況を確認する声かけをしていたら、それは即座に止めさせてください。なぜなら、業務の途中段階で声をかけてしまうことで、さまざまなエラーが起きる可能性があるからです。

実際こんなことがありました。Ａという若手営業職に、課長が「今月中盤までに１００件のテレアポと50件のメール対応、20件の商談を行ったうえで、今月末までに10件の新規契約獲得を目指すこと」という指示を月初めに出しました。Ａは真面目な性格なので、指示を額面どおり受け取り、自分なりに営業日内で目標を達成できるよう逆算し、毎日コツコツと業務を積み上げていきました。しかし計画には狂いが生じることもあります。途中で、このペースでは目標の契約数に１～２件ほど足りなくなることに気が付きました。さらに、その月はたまたま体調を崩してしまい、中旬の折り返し地点で「１００件のテレアポと50件のメール対応、20件の商談」という目標を達成することができませんでした。このままでは、今月末までに「10件の新規契約獲得」というノルマも危うい状況です。それでもまだ半月あります。その間にテレアポやメール対応などの行動量を増やし、月末に目標の新規契約数10件を達成できるよう帳尻を合わせることは可能です。

ところが、課長がＡのもとを訪れて、状況確認の声かけをしてしまいました。「どう、うまくいってる？　今月末までに10件いけそう？」。Ａは正直に「ちょっと厳しいかもしれません」と答えました。すると課長は、「そうか。残りの期間で巻き返せるように頑張れ」――と激励して終われば良かったのですが、「現時点でこの行動量だと目標達成は難しいかもしれない……」といらぬ皮算用をして、Aに「それだと10件の新規契約獲得は難しいから半分の5件でいいよ」と指示してしまったのです。

こうなると、月初の指示内容から大きく変わってしまいます。当初は10件を目標としていたのに、半分の契約数でよくなってしまったのです。部下の側からすれば、最初の目標は何だったのかということになり、やる気に水を差されたような状況です。また、次に再び営業ノルマを与えられても、「この課長ならば契約数が取れなくても許してもらえる」と判断し、サボり癖がついてしまうかもしれません。このように、途中で「うまくいってる?」と聞いてしまうことで、その社員の現時点でのノルマはもちろん、その先の生産性も継続的に下がり、最悪、一生ダメな社員という烙印を押される事態に陥ることもあり得るのです。

途中で声をかける方法に慣れてしまっていると、マネジメントのスタイルを切り替えるのは大変です。どうしても現場の進捗状況を聞きたいのなら、あらかじめ「途中で進捗報告をする」という指示を出すべきです。

例えば「月末までに10件の新規契約を獲得する」という目標だけでなく「途中の15日に必ず課長に行動量と成約数の報告をし、アドバイスを受けること」という指示を入れるのです。そして管理職は、各社員に業務内容を指示し、締め切りを定め、その日まで何も言わずに待つ。これが正しいマネジメントの姿です。

もし、指示段階で「この社員は目標を達成できないかも」とすでに心配の種が思い浮かんでいるのなら、その指示自体が間違いです。個々人のスキル、経験、得意なこと、不得意なこと、それらを総合的に判断して、社員ごとに最適な業務内容と目標を設定するのが管理職の行うべきマネジメントなので、最初から達成できると信じられる指示を出すべきです。

このように、組織構造学的には、発想を切り替えることが重要です。途中で進捗状況を確認したくなる社員がいるのなら、そもそも割り振っている業務内容がその社員に合っていない、あるいは指示内容が間違っている可能性があると考えてほしいのです。

最終的な目標数値は同じでも、個人によって指示の仕方を変えたほうがいいケースがあります。例えば、勤続年数の長い社員Bは毎月安定して10～12件の契約を取っているので、指示は「月末までに新規契約数10件」だけでオーケーです。ところが、中途採用で入った社員Cは、前職で営業経験はあるものの、今の職場でどれだけ仕事がこなせるかという実績がまだありません。つまり適切な目標数値が分からないので、結果的に社員Bと同じノルマを設定したとしても、まずは「毎週末に50件のテレアポを終えること」という、社員Bより細やかな目標を指示し、報告してもらうことが必要です。

それに対して、Cがもしも週末までに50件のテレアポを終えられないのなら、翌週はさらに行動数を増やして「100件のテレアポに取り組み、10件の商談予約を成立させる」といった指示を出し、月末までに10件の新規契約数が達成できるよう管理職のほうで調整をするのです。難しそうだからと、途中で目標数を減らすことは御法度です。目標が達成できなかったら、社員Bには毎月10件というノルマを課すのは無理があると判断し、翌月の目標数値を見直せばよいのです。

このように、管理職がやるべきことは、個々の能力値に合わせた業務内容と目標の設定です。業務の結果に基づいて個々の能力値を判断し、それに合わせて業務内容と目標をさらに調整していく――。このサイクルがうまくいけば、部署全体の業務も歯車が合致して、スムーズに回っていきます。

ほかにも、「後出しでさまざまなアドバイスを行う」という事例もよく耳にします。例えば、課長が営業部の社員Ｄに「月末までに30件の新規・既存契約の獲得」という目標だけを伝えたとします。しかし、Ｄは達成できませんでした。そこで、月末のフィードバック面談で、課長が「飛び込み営業は行った？」「電話は何件かけた？」「資料は送った？」と、営業活動の基本の手順を羅列。Ｄができていないところを見つけては、「電話かけていないから契約を取れないんだよ」「資料を送る数が少ないから、目標数値に近づけなかったんだよ」と、あとから目標を達成できなかった理由を伝えるやり方です。

これは、一見するとＤのフィードバックという形で教育を施しているように見えます。しかし、そうした目標数値に近づくための具体的な方策があるのなら、月初の業務指示の時点でＤに伝えるべきです。Ｄからすれば、「あとから言われてもなあ」という気持ちになります。最悪の場合、上司から気持ちが離れ、やがて課長の言うことを聞かなくなってしまうでしょう。

私が独自に「後出しマネジメント」と名付けたこの現象も、実はさまざまな企業で発生しています。途中経過を追う「うまくいってる？」コミュニケーションに加え、この「後出しマネジメント」も、自社の管理職が無意識のうちにやっていないかどうか、経営者はよく確認をすべきなのです。

Part 2
社員育成における勘違い

「言葉で伝えたから分かっている」「教えたからもうできる」という勘違い

マネジメントという言葉は、いろいろな場面で、そしてさまざまなニュアンスを込めて使われています。企業での使用例を挙げてみても、チームマネジメント、プロジェクトマネジメント、ナレッジマネジメント、ステークホルダーマネジメント、リスクマネジメント、タレントマネジメント……など枚挙にいとまがなく、それ以外にもスポーツや学校教育の現場でも浸透してきており、一概に「マネジメントとは何か」を語るのは難しいことです。

ただ、組織構造学の中では、マネジメントという言葉に一つの明確な定義を与えています。それは、「組織の中で働く人間を教育し、ある一定の水準まで育成すること」です。業務には必ず遂行するために必要な知識や技術、経験が存在します。もしも業務と目標を割り当てた社員に、遂行する能力が不足しているのなら、不足分を補うために必要な教育を管理職や経営者が施し、社員が業務を1人でも担えるようになるまで育てることが必要だからです。

一般的に社員教育は口頭で行われます。そのうえで、改めて社員育成のあり方を点検すると、多くの企業で「教えたからもうできるでしょ」「何回言えば分かるの」という注意の仕方を行っていますが、これは組織構造学的なマネジメントとしては間違いです。教えたからもうできる（はず）、何回も言わなくても分かる（はず）というのは、あくまでも管理職の願望でしかないからです。

私自身も、組織構造学の理論が出来上がるまでは、自分の会社でそうした言葉を何度も使ったことがあります。「これ、前にも教えたよね？」「こういうときはどうすべきか、前にも言ったと思うんだけど、ちゃんと聞いていなかったの？」といった言葉を現場の社員に向かって繰り出すことが日常茶飯事でした。教えた内容が簡単なものであればあるほど、何度も言わせるようなことではないと感じ、質問をしてきた社員に対して、お前は前回の質問で何を聞いていたのだと勝手に腹を立てていたのです。

しかし、それはあくまでも自分の尺度による判断です。私は部下に質問された作業のことを簡単だと感じますが、人には得手不得手があるため、部下には難しいと感じる部分があったのかもしれません。そして、私も人間ですから、間違うこともあります。私の指示に抜け漏れがあったり、言葉の行き違いがあったりしたのかもしれません。または、私の伝え方が不十分で相手にうまく伝わらなかったのかもしれません。一度教えたことに対して、部下が再び質問をしてきたのだとしたら、それは一定の水準まで育成が完了していないサインです。改めて教育を施す必要があります。

決して、教えたのにできない「やる気のない部下」「能力のない部下」と即断してはいけません。部下が能力不足で業務を完遂できないのなら、それは管理者側のマネジメント不足です。自分たちの責任だと反省し、教え方や言葉の使い方など、業務中の指示伝達のあり方を顧みてほしいのです。

業務ルールや指示内容の落とし穴として、知らず知らずのうちにダブルスタンダードになっていることがよくあります。私の経営する物流会社のグループ会社に、以前、物流業界専門の人材派遣事業を行う会社がありました。業務内容としては、まず営業職が物流関係の企業に電話をかけ、人材の要望があるかどうかをヒアリングします。入社して最初の研修では「人材の話から入ってお客様の要望を聞き出す」という教え方をしていたのですが、現場では「まず物流の話をして共感を得たほうがいい」と、研修とは異なったアドバイスをしていたのです。そのため、社員はどのやり方でセールストークを展開すればよいのか分からなくなってしまい、なかなか成果が出ないという状況に陥ってしまいました。

このように、せっかく教育を施したとしても、やり方が社内で統一されていないと、教わる側が混乱して業務に必要な知識や技術を一定レベルまで身につけることが難しくなってしまいます。こうした事態を防ぐためには、社員育成において、業務の「一人前」のレベルを定めることと、教育内容を統一することが必須です。

「一人前」の基準は「中の上」

では、業務における一人前のレベルは、どのように設定すればよいのでしょうか。普通に考えれば、活躍しているエース社員を基準に考えたくなるものですが、そうではなく、多くの社員が達成できているレベルであるか、少し上回ったラインに一人前の基準を置くと、組織がうまく回っていきます。つまり、「中の上」です。

例えばこんなやり方です。ここに2人の営業部社員がいます。1人はいちばん成績の良いトップ営業です。この社員は毎月100件のテレアポや飛び込み営業を行い、50件の商談をし、10件の成約を取ってきます。もう1人の営業社員は、100件のテレアポや飛び込み営業を行って30件の商談、3件前後の成約件数というレベルです。ほかの営業社員も大体このレベルです。この場合、後者の実績値より少し上のラインである「40件以下の商談で4件以上の契約を取る」に一人前のラインを定義します。

このような一人前の定義に、個人の解釈が入り込む余地がないよう、数値化することが大切です。目標とする作業量、時間、技術レベルなどをすべて数値で表して設定するのです。例えば、経理であれば、「請求書の作成を1社あたり10分で完成する」、物流倉庫内の担当者であれば、「フォークリフトで30分以内に４ｔトラック１台分の荷物を運ぶ」といった具合です。

組織構造学における社員育成マネジメントでは、こうして定めた一人前のレベルに各社員が確実に到達できるまで教育を行っていきます。高いレベルを掲げ、結局誰も一人前になれないというのでは本末転倒です。そもそも中小企業では、リソース不足を理由に社員教育を飛ばしてしまうケースをよく見かけますが、人手や時間、資金が不足しているのなら、なおのこと社員育成は重視して取り組むべきです。それは企業力の力を一定レベルに底上げするからです。

たしかに、教育を施す社員が一定レベルに引き上がるまでの最初の数カ月間は、現場に負荷がかかってしまうこともあります。しかし、ひとたび教育が完了し、社員が１人で問題なく業務を完遂できるようになれば、その後トラブルやエラーが発生する機会は減ります。また、教育不足のために社員の能力が伸びず、業務に携わる人員が余計に必要となるのだとしたら、業務を一人前に遂行できる人材を育てるだけで、必要以上の社員を抱えずに済み、ランニングコストを大幅に減らすことができます。つまり企業力の底上げです。教育と聞くと手間がかかるという先入観を持っている経営者は多いのですが、先行投資だと思いながら、ぜひ仕組みを整えてほしいと思います。

「一人前」以上を求めてはならない

なお、教育が完了したと判断する基準は、教育を行う相手の行動をベースとして判断していきます。まず、教育後に行ってもらった業務でエラーが生じた場合は、教育が完了していないということの表れです。教えた知識や技術が具体的な業務と結びついていない可能性が高いため、再び時間を取って業務のやり方や求められる知識を改めて確認する必要があります。また、業務を一度は完遂できたけれど、二度目はうまくできなかったという場合も、教えた内容がきちんと理解できていない可能性が高いです。教えた側は再び教育と向き合う必要があります。

そもそも会社組織における教育は、知識を供給するだけでは終わらないことがほとんどです。知識は業務に直結するものですから、知識を学ぶ機会を与えたのなら、それを実際に現場で使ってみる経験を積まなければ定着しません。社員を一人前のレベルまで成長させるには、知識の学習と実践を行ったり来たりしながら、バランスよく学んでいかなければならないのです。とにかく知識ばかりを身につけさせて社員の研修期間を終了するというケースもよく見かけるのですが、それでは本当の意味で教育が完了したことにはなりません。まずは知識を供給し、業務の中で実践させ、その出来栄えを見て不足していた知識を再度供給する。そして再び、業務を経験してもらう。この反復を行うことで、部下が正しく育っていくのです。

教育内容が身についたかを判断するうえでは、ペーパーテストや口頭試問での回答結果を見ることも有効ですが、「その内容を無意識のうちに実行できるようになっているか」という点も一つの判断基準となります。極端なたとえですが、自宅から職場まで迷わず通勤するということは誰しもが無意識のうちに行っていることの一つです。つまり、それは職場までの通勤ルートが完全に頭に入り、もはや意識せずとも行動できるようになっているということです。仕事でも、その状態を目指してもらうのです。

手順を確認しているうちは、まだ教えた知識や業務の内容が身についているとは言えません。例えば営業職であれば、9時の始業と同時にその日アプローチする企業リストを確認し、すぐにメールを送ったり、資料を準備して営業先に出向いたりできる。こうした状態が、業務に必要な知識、技能が身についたといえる状態です。

ただし、社員を「一人前以上」に成長させようなどとは思ってはいけません。業務を遂行するうえで最低限必要な能力を洗い出し、それを不足なく身につけられることを目指すのみです。組織として行うべきは、社員が問題なく業務を進められるよう、基礎的な能力を身につけさせてやることだけです。経営者自身はもちろん、社内の管理職層、リーダー層にも「相手が分かっていないのであれば、何度でも教えなければいけない。教育の責任は、教える側にある」という点を徹底して意識してほしいと思います。

「自分で考えて正解にたどり着かせたほうがいい」という勘違い

一人前に近いニュアンスの言葉として、最近、社員教育やマネジメントの文脈において「自走」という言葉を耳にします。自ら考えて行動し、成果を取ってくることを「自走」と呼び、そうした能力のある人材を育てたいと考えている企業は多いようです。それゆえ、社員教育の段階から「正解は自分で考えろ！」と課題を与えたまま放置するケースをよく見かけます。私の会社でもつい先日、人事部で、配属されたばかりの新卒社員を教育する際、自分で考えろという戦法をとっていた社員がいました。新卒社員に仕事を覚えてもらうべく、まずは社内で使用するプレゼンテーション資料を作ってもらうことにしたようなのですが、何も教えずに、正解は自分で探してほしいと、まるで親ライオンが子ライオンを崖から突き落とすような〝実践教育〟を行ったのです。

予想どおり、この新卒社員は困り果て、パソコンの前で固まってしまいました。それもそのはずです。学生時代にレポートや作文を書いたことはあるでしょうが、会社で使用する正式な資料は初めて作るのです。フォーマットなど知らなくて当然ですし、ビジネスシーン用語などもまだ学んでいる最中です。そこで資料を作れと言われても、手も足も出せるはずがありません。

部下や後輩に自分で考える力を身につけさせたいのなら、まずは必要な知識と経験を与えてあげるべきです。知識や経験があってこそ、自ら考える土壌ができます。このケースであれば「粗々で構わないから構成案をまずは完成させておいて」というゴールがあれば、指示を受けた新卒社員も自ら調べながら正解にたどり着けるはずです。

しかし、今回は違いました。この新卒社員は教えてもらったことを完璧に遂行しようとするタイプで、かつ、教育にあたっていた先輩社員は指示内容のゴールの提示をしていませんでした。これでは、新卒社員も動きようがありません。実際、新卒社員は困り果てた結果、先輩社員に「資料をどうやって作ればいいですか」と質問をしたそうです。ところが、先輩社員はここでも〝親ライオン〟を発動し「ここで私の意見を言うと、私のプレゼン資料になってしまう。後輩らしさを伸ばしながら育てるには、自分で考えてもらわなければ」という理由で、自分で考えなさいと、後輩の新卒社員に何も教えることなく再び放り出しました。その新卒社員はまたしても困ってしまい、開いたパワーポイントの画面を前に、本人自身がフリーズしてしまいました……。

結局、私が先輩社員に話をし、その指導方法は時間の無駄であること、後輩にとっても非常に酷な話であることを直接教えました。そこで、先輩社員のほうが繁忙期で教育に割く時間が惜しく、時間稼ぎをしていたことが判明しました。こうした理由で「自分で考えて」と責任放棄のような指示をする事例は、どの企業でも頻繁に起きています。もしも教育する側が丁寧な教育にリソースを割けない状況なら、教育担当者を変えるべきです。それが難しいのであれば「社内フォルダのＡとＢの資料を読み、理解したことをレポートにまとめて」といったゴールが明確な指示を出すべきです。社員教育には貴重なコストを投じますから、時間を無駄にするような教え方は社内から一掃してしまいましょう。

ただし、事前に十分な知識を与えずとも「自分で考えて正解にたどり着かせる」という教育方法が成果を上げるパターンもまれにあります。それは、「正解が１つしかなく経験が重視される職場」の場合です。例えば、古美術店での人材育成がそのケースに該当します。古美術店では、骨董品を見る力を養うために、〝本物〟の陶芸品や刀などを大量に見せ続けます。そして、ある程度本物を見せたあとで、たまに偽物を紛れ込ませるのだそうです。偽物が紛れ込んでいるにもかかわらず、「これは素晴らしい品物ですね」と言っているうちはまだ古美術商として未熟です。「これは本物ですか」と言えるようになったら、一人前に育った証拠だといいます。このように育てた人材を現場に出せるようになるのだそうです。

正解が1つに決まっているものであれば、偽物にはどのような特徴があるのか、どこを見ると偽物だと分かるのかといった知識を十分に与えなくても経験を積む中で自然と人材が育つこともあり得ると思います。しかし、正解が決まっていない、あるいは正解が複数あるのであれば、あえて自分で考えさせるという教育方法は非効率的ですし大した効果はありません。もちろん自走できる人材がいればとてもありがたいものですが、社員育成の段階でいきなりそれを求めては、会社にとっても社員にとっても得にはならないのです。

「他人ができていることができない人は無能」という勘違い

社員育成に関しては、私のところにさまざまな相談が寄せられていますが、特に多いのが「何度言ってもできない人がいる」「能力の低い人が多い」など、「できない社員をどう扱うべきか」という相談です。

そうした相談を受けたとき、私は決まって「何ができていれば『できる社員』だと言えるのですか」と聞き返すようにしています。すると、たいていの場合、比較対象となる優秀な社員の名前が出てきます。これは裏を返せば、会社として明確な能力要件を定めておらず、特別優秀な人との比較によって、一部社員のできない部分が目立っているということです。比較対象を変えれば「できない」と判断されていた社員も普通の社員になるかもしれません。これは「一人前のレベル」の話と共通するところでもあります。

例えば、バッターとピッチャーを世界トップレベルで両立させている大谷翔平選手と比べれば、どのようなメジャーリーガーも「できない選手」と評価されるでしょう。しかし、趣味で野球を楽しんでいる人たちと比べたら、メジャーリーガーはやはり世界トップレベルの技術を持つ野球選手です。

このように、対人比較は、誰と比較するのかによって評価が大きく変動します。しかも、比較する相手は、組織の中にいる人から選ばれるので、時と場合によって評価がぶれることになります。

指示した業務を社員がしっかりと遂行できているのかどうか、業務を担うだけの能力を有しているのかどうかを判断するには、企業の中で、業務に紐づけた明確な能力要件を定める必要があります。毎月40件の商談で4件の契約を取ってくることができる、請求書一通を10分以内で作成できるといった、業務における「一人前」のレベルを数値化して設定することで、対人比較による社員の能力評価を行うことはなくなります。そして何より「できない社員をどう扱うべきか」と悩む必要はなくなります。能力要件と照らし合わせ、不足している部分に対して知識を授けたり、技術を訓練したりして、教育を行えばいいという判断ができるはずです。

例えば、3人の営業職がいたとき、2人は毎月5件の契約を取ってきますが、1人は1件の契約しか取ってくることができないという場合があるとします。対人比較をしてしまうと、1件しか契約を取れない社員は「無能」というレッテルが貼られてしまうのですが、会社の定める能力要件が「毎月1件の契約獲得」であれば、特に問題はありません。逆に会社が「毎月5件の契約獲得」を営業職に必要な要件として設定しているのであれば、1件しか契約を取れない社員は無能なのではなく、「あと4件の契約を取ってくるだけの能力が不足している」と判断すべきです。そして、その社員のどこに能力の不足があるのかを見極めます。ここ数カ月の行動をヒアリングし、もしもセールストークに詰まってしまっているのであれば、トークの内容を見直したり、話し方やお客様との向き合い方を教育したりする必要があるかもしれません。あるいは、電話かけや商談アポイントの取り方、行動量に問題があるのであれば、改めて営業としてどのような行動をとるべきなのかを確認する時間を設けたほうがよいでしょう。

しかし、ほとんどの中小企業では、このような能力要件や評価基準を設定していないために、仕事ができる人との比較が発生してしまっています。業務ができなかった社員がいたとき、その人の教育の余地を探るのではなく、叱責をして終わりにしてしまうことがほとんどです。

ところが、それは非常に〝運〟の要素が強い評価の仕方です。例えば、社内でExcelを使って表の作成から計算、グラフの作成までできる人が10人中９人いたとしたら、多くの場合「Excelはみんなが使えて当たり前のスキル」だと判断すると思います。しかし、その判断は危険です。なぜなら、社内にたまたまExcelを使える人が集まっていただけかもしれず、これから採用する10人は、全員がExcelを使えるとは限らないからです。新しく入ってきた10人が、表の作成の仕方が分からない、グラフの作り方が分からないと質問をしてきたとしたら、これまで社内にいた9人が高いスキルを持っていただけだと分かるでしょう。もし業務を行ううえでExcelのスキルが必須なのだとしたら、それを能力要件として定めなければなりませんし、Excelのことが分からない人に対しては、研修を行うなどして教育の機会を与えてあげなければなりません。

社員は、自然に集まってきた人たちです。会社が募集をかけ、集まってきた人たちの中から良さそうだと感じた人を採用しているため、自社が求める業務内容や成果に対して、必ずやどこかに不足する部分があります。不足を発見したら、その1点をもって無能だと判断してはなりません。知識や技術に不足があるのなら、組織として何を教育すべきなのか考えなければならないのです。

はじめから「あの人には言っても分からない」「言っても全然できない」と無能の一言で片づけてしまっては、無能のレッテルを貼られてしまった人のもとからは仕事がどんどんと減ってしまいます。すると、だんだんと会社にいる意義を見失い、居場所のなさを感じて負のスパイラルに入ってしまいます。最終的には、自社から去っていくでしょう。

慢性的な人手不足で猫の手も借りたいほどの状況であることが多い中小企業にとって、人員のマイナス１は大きな痛手です。教育をすれば、仕事ができるようになる人はたくさんいます。もちろん、一生懸命教えてもできるようにならない人も中には存在しますが、そうしたケースはまれです。

まずは対人比較を止め、あくまでも事実のみで業務の結果や社員の能力を判断する体制を整えてください。「できなかった」という事実を見ることで社員の現状の能力と業務で求められるものとの差分を図るのです。そして、社員の可能性を信じ、その差を埋められるよう教育するというサイクルがうまく回れば、これまで「できない社員が多い」「なぜうちの会社の社員は能力の低い人ばかりなのだ」と経営者が幾度となく嘆いてきた会社も、人を活かせる組織へと大きく変わっていくはずです。

なお、指示した業務に対して設定した成果をクリアできていなかったときは、その社員の能力が業務遂行レベルに達していない可能性だけでなく、上司の指示が悪い可能性もしっかりと検証しなければなりません。例えば新卒入社の営業職に対して、ベテラン社員ならなんとかクリアできるような成果の設定はナンセンスです。上司の指示が無茶なものであれば、部下は当然、それを遂行することが難しく、成果も出なくなるので、社員から「上司の指示が難しかった」といった言葉が出てきた際は、上司の指示の仕方も本当にその社員に適切なものかを点検してください。

ちなみに、私の会社では、人事部の人間が上司と部下との間に入り、相互の理解に齟齬がないかを確認するようにしています。設定された課題をクリアすることができなかった社員に対し、年に2回ほどアンケートや面談を実施します。上司の課題の出し方に矛盾や無茶なものがないかを点検しつつ、部下の側でも上司の指示を正しく認識できているのか、部署や会社の目標、目的をしっかりと把握できているのかを確認し、双方の間にズレが生じているようであれば、その認識を合わせられるようコミュニケーションをとっています。

この「人事介入型考査」の仕組みはもう10年ほど続けていますが、最初の頃は上司と部下の間での目線のズレが大きかったものの、間に人事が入ることですり合わせが進み、最近では両者の目線が合い、同じ方向を向いて仕事に向かえるようになってきました。そのため、業務が滞ったり、各社員が設定された成果をクリアできなかったりすることがほとんどなくなっています。各部署の上司が組織構造学におけるマネジメントの本質を理解し、部下の教育を行いながら、その時点での各社員の能力値に合わせた業務や目標を設定できている証拠だと思います。

「気が利く社員は優秀」という勘違い

できる社員だけでなく、何も言わずとも自ら率先して行動する「気が利く社員」を優秀だと判定し、過剰な評価を与えてしまっている中小企業も非常に多いように思います。個人の特性として気が利くことは良いのですが、それを全社員に求めるようになったり、気が利く社員を特別に評価するようになったりしてはいけません。

気が利くという行動は、個人の価値観によって行われる部分が大きいものです。整理整頓が好きな人は、気が付いたら社内のごみを捨てる、乱雑に置かれている資料をきれいに片付けるといった行動を率先してとるでしょうし、人とコミュニケーションをとることが好きな人は、休憩時間にお菓子を配ったり、お茶を入れたりする行動を率先してとるかもしれません。人によって気が利くポイントは違います。反対に、上司によっても気を利かせてほしいと期待するポイントは異なります。

日本には「空気を読む」という文化がありますから、気が利くことを美徳だと考えやすいのですが、どのような人が集まっても回っていく組織をつくるには、個人の感情や価値観が働くポイントを極力減らさなければなりません。組織としてやってほしい行動なのであれば、明確なルールや業務指示として社員に示すべきです。

例えば、社長の私が毎朝出社後にコーヒーを飲むことに気が付いて、コーヒーを淹れてくれる社員がいたとしたら、多くの人はその社員のことを「気が利く」と感じるでしょう。だからといって、この社員を昇進させてあげようと評価してはいけません。ましてや、この社員以外の人は気が利かないと叱責してはダメです。コーヒーを淹れておいてほしいのなら「社長が出社したら、その日最も早く出社した人がコーヒーを淹れて社長室に置いておくこと」と、業務として指示を出してしまうのが正しい組織のあり方です。

気が利くことを暗黙のルールとして社員に求めてしまっては、細やかな変化に気が付くことが苦手なタイプの人は、周囲から「気が利かない人」と判断され、次第に居心地の悪さを感じてしまうようになると思います。「気が利かない」「言わなくてもそれくらい分かるだろう」「空気を読んで行動してくれ」といった言葉で社員を叱責する経営者をよく見かけますが、社員に能力を最大限に活かして仕事をしてもらいたい、成果を出してもらいたいのであれば、叱責をするのではなく業務を明確に指示し、期待する成果を言語化して伝えるべきです。

心理的安全性を求めるなら、その状態を言語化すべき

気を利かせるという観点で少し議論を広げれば、ここ数年、ビジネスシーンでは「心理的安全性」というキーワードがトレンドとなっているようです。心理的安全性とは「組織の中で誰もが自分の考えや気持ちを安心して発言できる状態のこと」で、組織行動学を研究するハーバード・ビジネス・スクールの教授　エイミー・C・エドモンドソンが1999年に提唱した概念です。2016年にGoogleが「生産性の高いチームは心理的安全性が高い」という研究結果を発表したことから、途端に注目が集まるようになりました。最近はさまざまなビジネスメディアで取り上げられ、関連する書籍も数多く目にするようになりました。

私の手がける組織改革コンサルティングでも、つい先日、ある金融機関の支店長か

ら心理的安全性に関する相談を受けました。その支店長は、自分の支店を心理的安全性の高い職場にしたいと考えているそうなのですが、具体的に何から取り組めばいいのか、どのような施策を行うべきなのか分からないというのです。相談を受けて、私もその場では考えがまとまらず、いったん返答を持ち帰らせてもらいました。しかし、後日考えを整理する中で「心理的安全性の高い組織を目指すのなら、組織の土台をしっかりと完成させなければ駄目だ」という結論に至りました。

エドモンドソンの研究によれば、組織の心理的安全性が損なわれてしまうのは、組織内でコミュニケーションを行う際「無知だと思われる不安」「無能だと思われる不安」「邪魔をしていると思われる不安」「ネガティブだと思われる不安」の4つがある場合だといいます。逆にいえば、これら4つの不安を取り除けば、心理的安全性の高い組織になるということになります。しかし、そもそもこの4つの要素のような「他者からどう思われているのか」という不安は対人コミュニケーションにおいて必ずついてまわるものです。この不安は性格による個人差が大きく、一人ひとりの状況に合わせることは不可能です。

そうした性質を持つ心理的安全性にこだわって組織づくりを行うと、組織の中はいつの間にか曖昧模糊とした暗黙のルールに支配された世界に変わってしまい、全体としてのパフォーマンスはぐっと下がってしまうと思います。

誰もが自分の考えや気持ちを安心して発言できる組織を真の意味でつくりたいのなら、自社における心理的安全性の高い状態を具体的に言語化すべきです。その定義を基に、社員に守らせる具体的なルールを設定すべきです。例えば「会議では誰かを非難する言葉を使わない。改善案を出した人を否定しない」といったルールや「後輩や部下が質問・相談に来たときは、必ず相手の顔を見て、一度その質問や相談をフラットに受け取ること。忙しくてその場で対応できないときはその事実のみを伝え、必ず対応できる時間に予約を入れて、対応をすること」といった具体的なルールをつくれば、心理的安全性を脅かす４つの不安はかなり払拭できると思います。

こうした考え方は、昨今対応が必須のハラスメント対策にも応用できます。ハラスメントは、いまや「相手が不快だと思った時点でハラスメントである」という認識が社会通念となっていますが、私はこの定義について、すでに限界が来てしまっていると感じています。この定義があることで、組織内の円滑なコミュニケーションが阻害されてしまうのであれば、やはり自社におけるハラスメントの定義をしっかりと行い、必ず社会常識と照らし合わせ、逸脱した範囲がないか検討することが必要です。それに基づいて社員に守らせるルールを明確に定めるべきだと思います。

実際、私の会社でもセクシャルハラスメント、パワーハラスメントに関する明確な基準とルールを設けています。ルールの中には、なるべく個人の価値観や感覚、感情が入る余地をなくしました。もしルールに抵触すると思われる行為があった際は、人事部に報告をするように定めています。

このように、組織はあくまでもシステマチックにその構造を整えるべきで「相手に気を遣う」「気を利かせる」「相手の不安を取り除く」といった個人の感情や価値観が働く領域までは扱うことはできないのです。

「いちばん優秀な人材とみんなが同じに育つ」という勘違い

社員育成に関しては、特に創業社長が陥りやすい現象があります。それは、創業時に在籍していたオールラウンダーなメンバーの幻影を追いかけてしまうというものです。

実は、私がそうでした。創業時のメンバーに、どんな仕事をお願いしてもそつなくこなし、成果を上げてくる非常に優秀な人材がいたのですが、そのメンバーと仕事をするうちに、私の中でいつの間にかそのメンバーの力量が人材採用・育成の基準となっていたのです。そのため、創業から15年間、私はずっと社員に対して不満を抱えていました。なぜなら、創業時に在籍し、私の右腕のように活躍してくれていたメンバーと比較したとき、どの社員も対応できる仕事の幅が狭く、どこか物足りなく感じていたからです。

マネジメントの発想を一切持っていなかった当時の私は、今振り返ると、社員に対してとても悪いことをしていたと思います。

ある時、人材採用や組織づくりについて考えている中で、ふと気が付きました。創業時から在籍していたメンバーがたまたま仕事への感覚が鋭い優秀な人材だっただけで、それをすべての基準にしてはいけなかったのだと。

創業したばかりの企業には、優秀なメンバーが偶然にもそろうことがあります。これは奇跡ではなく、私の周りでもよく聞く話ですし、特にスタートアップの世界などでは、非常に優秀なメンバーが集まって２～３人で起業するということも珍しくありません。しかし、それはそうした時期だからこそ起きることで、会社が成長して人を次々と採用するようなフェーズに入った際はあり得ないと自覚し、創業時の優秀なメンバーがあらゆる基準となってしまわないように気をつけなければならないのです。

これは、採用だけでなく、社員育成に対しても同様です。創業時の特に優秀だったメンバーと比較して、教育を施した現在の社員の成長曲線を緩やかすぎると非難してはいけません。あくまでも現在いる社員の姿に目を向けてマネジメントする必要があります。

この観点からいえば、業務内容や社内ルールも優秀な人の基準に合わせて設定してはいけません。一般的な能力の人材はついていくことができなくなり、成果が出せずに自分を責め（あるいは経営者が叱責し）、改善策が分からなくなったり、教育を受ける機会がなかったりして成果が出せずに自分を責め……という負のスパイラルに陥ってしまいます。

「そんなこともできないの！」という言葉は本当に禁句です。この発言が飛び出すのは、優秀だった創業メンバーが脳内で比較対象に上がってしまっているからで、そんなことは現在働いている現場の社員には関係ないからです。

また創業メンバーだと、自然と阿吽の呼吸のようなものが生まれ、言葉を尽くして説明をしなくても業務が回っていくという環境が出来上がっていることも少なくありません。すると創業社長は、新しく入ってきたメンバーに対して指示が言葉足らずになってしまうことがよくあります。この点も十分に気をつけなければなりません。

「なんで自分がここまで細かく指示しないと、この社員は動けないのだろう？」という疑問は、私もよく抱えていました。でも、違うのです。発想が逆です。最初に自分の身近にいて仕事をしてくれていたメンバーが非常に優秀だっただけなのです。あるいは、創業メンバーが自分と価値観がよく似ていただけなのです。言葉の使い方やとらえ方がほとんど一緒だったからこそ、あまり細かく指示をしなくても、すんなりと理解をして動いてくれていただけに過ぎないと考えるべきです。

会社は、年数を経て大きくなってくると、創業時とは異なって本当に多様なバックグラウンドを持った人材が入社してきます。すると、ちょっとした言葉の使い方から行動の仕方、考え方まで、自分とは大きく異なるメンバーが社内に何人も在籍しているという状況が生まれます。

そうした多様なメンバーとともに１つの目的に向かって仕事を進めていくために

は、経営者は、言葉を尽くして説明すべきところは説明し、ルールをつくって仕組み化して組織の基盤を整えていくしかありません。

社員数が2～5人程度であれば、社内ルールや組織構造の整備を意識せずとも、社長がすべてのルールであり、社長の言葉はすぐに全社員に浸透しますから、会社はスムーズに回っていくと思います。しかし、たとえ現時点では零細企業であっても、これから事業規模を伸ばしていきたいのなら、今から組織構造をしっかりと整えておくべきです。社員数が10人、20人と増えていくにつれ、ルールや基準、業務の割り振り、成果の設定がないことが、組織のさまざまな部分でほころびとなって現れてきます。未来への種まきだと思って、今のうちに組織づくりに力を入れておくことをおすすめします。

「中途採用は即戦力採用だから、入社後すぐに活躍してくれる」という勘違い

人材採用に関する相談を受けるとき、よく聞くのが「即戦力だと思って採用したの

に、全然使えない社員だった」という悩みです。中には人材紹介会社に対するクレームにまで発展する場合もあります。どういうクレームかというと「良い人材だと紹介してもらったから採用したのに」「前職の経歴がうちにマッチしていそうだから採用したのに」「前の会社でかなり活躍していたと聞いたから採用したのに」という枕詞がついたあとに「でも全然活躍してくれていない」という不満が飛び出してくるのです。

こうした事態が起きてしまうのは、人材を採用するにあたって、自社の受け入れ体制や選考基準がしっかりと整っていないからです。まず採用選考において、なんとなく「良さそうだから」と採用を決めてはいけません。そもそも、採用活動を始める前に、どの業務にどれだけの人が足りていないのかを洗い出さなくてはならないのですが、意外とこの基準ができていない企業は多いものです。それはつまり、本書の中で何度も言っている「業務内容の明確化」や「各社員の役割の設定」、「業務に必要な能力要件の設定」ができているかということであり、この前提がなければ、採用活動は失敗しやすくなります。

業務内容が明確になっており、社員の役割もきちんと設定できている組織であれば、どの業務に人が足りていないのか、すぐに把握することができます。そして、必要な能力要件の設定もできていますから、採用にあたってどのようなスキルや経験を持つ人材を募集すべきなのか、すぐにあたりをつけることが可能です。

すると中途採用においても、的確に必要な人材の見極めができるようになりますし、経歴や面接での話から、相手に過度に期待をすることがなくなり、入社後にギャップを感じて落ち込むということはなくなります。「即戦力だと思った」「良い人材だと思った」「前職の経歴からうちにマッチしていそうだと思った」という話は、どれも経営者の期待であり、個人的な価値観による判断です。会社が求めていることを明確に基準として設定し、客観的な判断が下しやすい環境をつくらなければ、良い人材かどうかの見極めは非常に難しくなるのです。

自社の業務に求める能力要件を正しく設定できていると、自社の文化に合わない人を採用してしまうリスクも下げられます。よくあるのが、経歴書だけを見て「良さそうだから」と引き抜いてきたところ、実はその人材が自社の文化と合わず、既存社員とのコミュニケーションエラーを多発させてしまうという問題です。私がコンサルティングに入ったある飲食業界の企業でも、同じような問題が発生していました。代表がある全国チェーンで営業部長をやっていた人間を自社の事業本部長へと引き抜いてきたところ、実はその人はパワハラ気質がひどく、もともといた社員が次々と辞めていったのです。

特に上のポジションになればなるほど、採用時のエラーは避けたいものです。上流でエラーが起きると、現場の少なくない社員が辞めてしまうことにつながり、最悪の場合は組織の崩壊を起こしてしまいます。

ちなみに、中小企業が採用を行う際に特に陥りやすいのが、大手企業や業界大手企業からの転職者はそれだけで優秀だと思ってしまう勘違いです。この認識を持ったまま採用活動を行うと、あとで大きなミスマッチを引き起こしてしまうので注意が必要です。そもそも、大手企業と中小企業では、業務環境が大きく異なります。大手企業は細部まで仕組み化され、さまざまな制度や業務システムが整った中で仕事が進んでいきます。また、大規模な予算やネームバリューもあるので、大きなプロジェクトも動かしやすいものです。一方、中小企業では、ルールや仕組みは大手企業に比べるとあまり整っていません。予算もかなり限られており、ネームバリューも大きくないうえに、１人が複数の業務をマルチタスクで兼務することもよくあります。そうした環境の違いに適応できず、業務であまり成果を出せずに、最終的に退職していってしまう大手企業出身者も実は少なくないのです。

しかし、このような大手企業出身者とのミスマッチについても、業務内容と能力要件をしっかりと定めていれば防ぐことができます。募集したいポジションにおいて、その人材の経歴やスキルがマッチするかどうか、ある程度育成すれば一人前のレベルに到達できそうかどうかを判断すれば良くなるため、「大手企業＝優秀」という前提を取り払って、目の前の人材と向き合えるからです。

組織の仕組みがしっかりと整っていれば、中途採用者の給与額についても、相手と交渉のうえですんなりと決めることができます。中途採用において、経営者が最も頭を悩ませるのが、採用した人材は支払うコストに対してきちんとパフォーマンスを出してくれるのかという点です。過去に採用で苦い思いをしたことがある経営者は、慎重に検討すると思います。場合によっては、少し低い給料を提示したことで、同時期に内定が出た競合他社に採用候補者をとられたという経験をしたことがある経営者もいるかもしれません。

しかし、業務内容と能力要件をしっかりと定め、それに紐づける形で給与水準を設定すれば、中途採用者に関しても、その枠組みの中で能力と給与を判定することができます。私の会社では、例えば通関業務ができる国家資格有資格者を採用したいとなったとき、能力要件を満たす人が現れたとしたら、自社の能力要件と給与水準を照らし合わせ、該当する給与額を提示します。採用候補者に説明する際も、「あなたの能力は現在、社内の基準によるとこの位置にあるから、この給与額でどうでしょうか」と明確な説明ができます。すると、相手も給与額に納得して入社を決めてくれやすくなります。

また、私の会社ではそれだけでなく、採用選考で見抜けなかった能力不足の部分がある可能性に備えて、半年間の試用期間を設定し、その間に能力を見極めています。もしも選考時と実際の能力に乖離があるようであれば、自社の基準に則って給与を下げ、不足する能力に関しては必要な教育を受けてもらいます。もちろん、その点に関しては選考時あるいは内定時にしっかりと話をします。たいていの場合、給与が下がる可能性があると伝えても、嫌な顔はされません。入社後にしっかりと評価の機会があり、自分の実力に見合った水準で給与をもらい、業務に従事できること、教育の機会もあることは、意外と内定受諾の判断にプラスに働くことが多いという実感があります。

もし今、中途採用において「即戦力だと思ったのに」と不満が続出しているのなら、まずは組織の体制づくりを急いでスタートさせましょう。採用がうまくいかない、なぜかミスマッチが相次いでしまうというときの原因はたいていの場合、自分の会社の中にあります。

「臨時ボーナスは良いモチベーション」という勘違い

組織改革コンサルティングでは、給与や評価の仕組みにまで話が及ぶこともしばしばです。組織は評価され続けるものであり、社員も常に業務と責任、評価はセットですから、組織構造を立て直すために評価・報酬体系の見直しを図らなければならないケースはよくあります。

そうしたコンサルティングの中で、私が特に注視するのが「臨時ボーナス」の有無です。現金によるボーナスだけでなく、食事や飲み会に連れて行くという形態での報酬も含めると、実は意外と多くの企業で臨時ボーナスが発生しています。

例えば、以前コンサルティングを行った企業では、社長が素晴らしいと感じた行動に対して金一封が与えられるという、社長の気分次第で運用される臨時ボーナスが存在していました。ある日、営業ではない部署に所属する社員が、顧客のもとへたまたま上司と訪問する機会がありました。車で移動したために、1時間以上早く現地に到着したその社員は、近所のコンビニに車を止めると、上司に「時間があるので少し出てきます」と告げ、どこかへと歩いていきました。30分後、戻ってきた社員に上司が何をしていたのかを尋ねると、時間がもったいないと感じて飛び込み営業をしてきたというのです。成約やアポイントの獲得にはつながらなかったものの、営業ノルマを一切持たない部署の社員がそのような行動をとったことに、後日上司から報告を受けた社長は大感激。「彼は本当に会社のことを考えていて素晴らしい」と、ほかの社員の前で誉め言葉をかけながら、金一封を手渡しました。

私はこの話を聞いたとき、すぐさま「社長、それはやってはダメな行動でした」と告げました。経営者の立場からすれば、会社の利益のことを真剣に考えている社員の存在は本当にありがたく、このエピソードにでてきた社員のようにほかの社員にも行動してほしいと思う人も多いと思います。そして、会社のためになる行動をしたのだから、ほかの社員の手本となるように褒め、相応の報酬を与えることは当然だと感じるかもしれません。臨時ボーナスであれば一時的なコストにしかなりませんから、褒めるに値する行動をした社員がいれば、適宜臨時ボーナスを与え、どんな行動に価値があるのかを感じてもらえればいい。価値のある行動を社員間で追求して、切磋琢磨していってもらえればいいと考えるかもしれません。

しかし、今一度、組織のあるべき姿を振り返ってみてほしいのです。組織には必ず、上から下へと業務や指示、意思決定の内容が降りていく構造があります。その流れに基づいて、業務内容と紐づけて設定した成果目標の達成度合いをもとに、評価が行われていきます。経営者が社員に臨時ボーナスを与えることは、この業務と評価の流れを完全に無視し、横槍を入れるような行為です。現場の社員は、厳格な組織構造があるからこそ、定められたルールに則って仕事をこなし、成果を出そうとすることができますが、もしも臨時ボーナスが社長の気まぐれで発生してしまうと、組織構造やルールを守ろうとしなくなるでしょう。社長に気に入られれば追加で報酬がもらえるのなら、組織のルールとして定められていない事柄であっても行動しようとするでしょうし、上司の指揮命令に従わないケースも出てくるかもしれません。

そして、改めて冷静になってエピソードの内容を点検してみると、該当の社員が本当に飛び込み営業をしてきたのかエビデンスがないことに気付くと思います。例えば飛び込み営業をした先で、挨拶した担当者の名刺などをもらえていればいいのですが、今回はどうもそうではなかったようです。実は、この社員が何をしていたのかは分からないのです。

ほかにも、食事会という形での臨時ボーナスもよく耳にします。私が以前組織改革に携わっていたある企業では、社長が飲みに行くことが大好きな人だったため、営業成績トップをおさめた社員を焼肉に連れて行くという形で報酬を与えていたところがありました。社長曰く「若い子は焼き肉が好き。絶対にモチベーションになって頑張ってくれるから」と慣例的に実施している食事会だそうなのですが、私がその企業の社内で実態調査をしてみたところ、実はモチベーションにつながっていない層も一定数いることが分かりました。

考えてみれば当然ですが、皆が皆、焼き肉が好きなわけではありません。皆でワイワイと飲みながら食事をとることが好きではない人もいるでしょう。夜遅くまで食事をするよりも、早く帰って明日への英気を養いたい人もいるかもしれません。実態調査をしてみると、その企業の営業部の中には、営業成績トップになると社長と焼肉に行かなければならないのが嫌で、わざとトップにならないよう調整している社員がいることが分かりました。これでは本末転倒で、ただ社長が臨時ボーナスを理由に焼肉に行きたいだけだと思われても仕方がありません。経営者として営業成績を評価したいのであれば、会社として定めた評価・報酬体系の中で、誰もが納得できるような形で評価を与えるべきなのです。

では、評価・報酬体系はどのように構築すべきなのでしょうか。簡潔にいえば、業務内容に紐づけ、誰が見ても理解ができるような理路整然とした仕組みをつくり上げるのがベストです。

組織構造学では、組織の基盤をつくるうえで、まずは組織の目的を定め、その目的の達成に必要な行動を各部門の業務に落としていき、各部門の中でさらに課やチーム、人員ごとに業務を割り振っていくことを徹底して伝えています。ベースとなる給与に関しては、まずはその各社員に割り当てられた業務内容の量や難易度に応じて等級をつくり、金額を定めていくのがよいと思います。

徹底的に論理的な給与体系をつくり込んでいくと、社員の中で給与に関する不満が大きく減少します。私の会社でも、かつて私の匙加減で各社員の給与額を決めていた頃は「なぜあの社員は10万円も多く給料をもらっているのに、自分はこれだけしかもらえないのか。仕事量は自分のほうが多いのに、おかしくないか」といった訴えが続出していました。しかし、誰が見ても一目瞭然な給与体系を整えた現在は、こうした不満の声は一切上がらなくなりました。あの人はこれだけの仕事をしているから、この等級にいて当然、給与額も自分より上でもおかしくないなと、皆が納得できる仕組みをつくることができたのです。

一方、評価体系に関しては、前提として持っておいてほしい認識をここで改めて確認する必要があります。まず、社員をプラスの方向に評価するということは、それに応じて報酬も連動させなければならないということです。報酬といってもさまざまな形態がありますから、例えばその社員が言葉で褒められることで満足するのであれば、そうした報酬でもよいのですが、ほとんどの場合はそうではないと思います。評価されれば、ベースの給与額ないし年に1～2回あるボーナスの金額のアップを期待するはずです。すると、評価するとはどういうことなのかについて、管理職と経営者はお互いに共通認識を持っておかねばなりません。なぜなら、誤った評価をしてしまうと、それだけで経営コストが上がってしまうからです。

では、社員を評価するタイミングにおいて、我々はどのような点を評価すべきなのでしょうか。答えは簡単で「新たにできるようになったこと」に対して評価を行えばよいのです。例えばある新卒の営業職が毎月5件の成約ノルマを達成しただけでなく、2件上乗せしてコンスタントに7件の契約が取れるようになったのだとしたら、それはできることが確実に増えていますから、評価をすべきです。逆に毎月5件のノルマを達成しているけれど、それ以上でもそれ以下でもない、5件の現状維持を続けている社員の場合は評価をつけるべきではありません。もちろん、業務内容とそれに紐づく成果を達成できているという点に対しては、給与体系に基づいて相応の給与を支払うべきですが「会社が設定したノルマをクリアできている」という1点のみで、プラスの評価を与え続けるべきではないのです。

会社が設定した目標をクリアすることは、当たり前のことです。もしも現状維持型の社員に、毎月目標をクリアできているからとプラスの評価をしてしまってはコストがかさむばかりです。毎月5件の契約を取ってきていることに対してプラスの評価を行い毎年5万円の昇給をしていては、この社員が稼いでくる金額はまったく変わっていないにもかかわらず、コスト増になってしまいます。つまり、会社としての売上は増えていないのに、人件費という支出は増え続けるということで、これでは会社にいくらお金があっても足りません。評価はあくまでも、社員ができるようになったことが増えたとき、つまり売上に直結する生産性が上がったときに対して行うべきなのです。

そうした観点から考えれば、残業は評価に値しないことがよく分かると思います。日本にはかつて存在したモーレツ社員の時代の空気が未だに色濃く残っており、なぜか残業を美徳と考える人が多いものです。しかし、残業は本来、定められた業務が就業時間内に終わらないから仕方なくやるものです。決して、仕事を頑張っている証ではありませんし、ましてや残業時間が多いから仕事を頑張っていると評価して、それを昇給や昇進につなげるようなことがあってはいけません。

むしろ、残業時間数が多いということは、社員の業務量が極端に多いか、生産性が極端に悪いかのどちらかです。いずれにせよ、社員に業務指示を出した上司の責任です。業務量が多いのなら調整をかけるべきですし、生産性が低いのなら、日々のパフォーマンスが上がるよう教育や環境の整備を行うべきです。会社においては、生産性を上げ、会社の利益を増やした人こそが評価されるべきで、評価体系もそのように設定し、運用していくべきなのです。

なお、評価・報酬体系のつくり方についてレクチャーをすると、よく上がるのが「営業職など数値で成果の管理をできる部署は評価・報酬体系をつくりやすいが、総務や経理といった内勤部署はどのようにつくればよいのか」という質問です。

これに対しても私の答えは明確で「その部署に存在している業務をとにかく言語化し、数値化して管理をしてください」とお伝えしています。例えば、経理部であれば、請求処理にかかる工数をすべて洗い出し、処理数や処理時間を設定。請求書1通の作成時間を減らすことができたのなら、生産性が上がったとみなして評価をしています。総務部などでも同じことがいえ、例えば備品発注や会議準備にかかる業務の手順とそれにかかる工数をすべて洗い出し、そこにかかる標準時間を設定します。その業務にかかる時間を削減できれば、評価をしています。こうすることで、部署ごとに給与体系の考え方が大きく異なって不公平感が募るといった事態は防げます。

「先月の不足分を足して今月分と合わせてやらせていい」という勘違い

業務の内容を定め、達成してほしい目標や成果を数字で示すようになったとき、起こりやすいのが「先月の目標数値をクリアできなかったから、不足する分を今月の目標と合わせて埋め合わせてほしい」というオーダーです。

実は私も以前、こうしたオーダーを自ら率先して社員に出してしまっていました。人材派遣の営業職を行っていた社員に対し、毎月10件の案件を取ってくることを目標数値として設定していましたが、ある月に8件しか取れなかった社員がいたので、「今月は先月の不足分の2件を追加して12件の案件を取ってくるように」という指示を出していました。こちらとしては、毎月しっかりと給料を払っているので、それ相応の成果を出してほしい。しかし、目標に到達できなかったのなら、翌月の仕事で補おうとするのは、給料をもらっている社員として当然だと思っていたからです。このように考えている経営者は、意外と多いです。

しかし、この「先月の不足分を今月に上乗せするスタイル」は、結局のところうまくいきませんでした。5カ月目には、なんと本来の目標契約数の2倍以上になってしまったのです。これは、ベテラン社員でも絶対に達成できない目標数値です。不足分の上乗せは、最初の1～2カ月のうちは、社員を鼓舞する効果があるかもしれません。社員の側も、なんとか遅れを取り返そうと必死になると思います。しかし、ここまで目標数値が積み上がってしまうと、もはや社員に努力を促す効果はありません。結局私の会社では、社員は最終的に開き直り、不足分などどこ吹く風とばかりに、まったく焦ることなくマイペースに仕事をしていたのをよく覚えています。

もし、毎月10件のノルマをコンスタントにクリアできる実力のある社員で、たまたまその月が顧客都合によって契約が落ちてしまっていたというパターンであれば、不足分を翌月に追加しても問題なくクリアできます。しかし、そもそも課題として定めた「毎月10件の契約を取る」という数字が本人の実力と見合っていないために目標を達成できないのであれば、その社員の目標未達は延々続くはずです。例えは悪いですが、収入が20万円しかないのに毎月25万円の借金返済を課せられ、足りない分を翌月以降に加算され続けるようなものです。ノルマを達成できないのなら、達成できなかった分を翌月に加算するのではなく、まずはその原因を探り、目標を少し下げることも視野に入れて、対策を講じる必要があります。

この話を研修やコンサルティングですると「でも彼は、先月は目標を達成できたんですよ」という反論の声が上がることがあります。先月は目標を達成できたのだから、今月だって達成できるはずで、やっぱり目標が達成できないのは社員の職務怠慢ではないか。反論の奥底には、そうした考えが潜んでいます。

しかし、「先月は」ということは、先月が〝たまたま〟〝運が良くて〟目標を達成できただけという可能性が大です。コンスタントにノルマを達成する能力があるのなら、「先月も」という表現になるはずだからです。飛び込み営業を行った先に偶然需要があり、たまたま売れただけかもしれません。そこは冷静に分析し、社員にその目標数値を達成できるだけの実力があるのかどうか、目標を達成できなかったのはなぜか、さまざまなデータを集めながら分析して対応を考える必要があります。

社員が目標を達成できなかった。その事実が明らかになったとき、経営者や管理職が行うべきは、社員を叱責することでも、なぜできなかったのかと問い詰めることでも、ましてやノルマを増やすことでもありません。我々が行うべきは、できなかったという事実と向き合い、その社員がこれまでどのような行動や思考をしていたのか、できなかった理由を考えるための情報を多角的に集めることなのです。

むしろ社員が目標を達成できなかった、指示したことができなかったのなら、それは非常にラッキーなことです。社員育成を行ううえで必要な観点が新たに見つかり、より充実した教育制度を整えるためのチャンスが生まれたのです。「うちの社員はこんなこともできない」と悲観する必要はありません。失敗は成功の母とよくいいますが、文字どおり、できなかった社員のおかげで、その後の社員教育が成功する可能性が高まったといえます。このような発想の転換をしたほうが、経営者や管理職、教育担当者も気持ちが楽です。さらには、叱られる社員が減り、社内の空気も明るくなって、組織がポジティブに回っていくはずです。良いことずくめです。

では、目標を達成できなかった社員がいたとき、どのようなコミュニケーションをとるのが正解なのでしょうか。答えは「行動にフォーカスする」です。過去の行動であれば、感情を入れずに淡々と話すことができますから、まずはこの1カ月や数週間、どのような行動を行っていたのかを冷静に聞きます。例えば営業担当者であれば、この1カ月にどれくらいの電話をかけ、飛び込み営業に行き、何件の商談をこなしたのかを聞いてみるのです。すると業務のことを分かっている上司であれば、自分の過去の経験や手元にあるほかの社員のデータなどを勘案して、その社員がサボっていたのか、実力不足なのかを見極められると思います。実力不足なのであれば、セールストークを見直すなどの対策が打てます。

とにかく社員の行動データを集め、何が不足していたのかを分析し、再教育する。そしてその要素を会社の教育体制の中に組み込んでいくことで、自社の教育体制は大きくブラッシュアップされるはずです。最初の頃はエラーが多いかもしれませんが、続けているうちに、問題が発生する機会も減っていきます。

Part 3

人材配置における勘違い

「社員がなんでもやるべき」という勘違い

１人で創業し、社員数１桁から２桁、３桁へと、徐々に会社を大きくしてきたという叩き上げの経営者の場合、業務ごとに適した人員を割り当てるというリソース分配意識が薄く、全社員総力戦に近いニュアンスで社員になんでもやらせようとする人が多いと感じます。

例えば、営業担当者が経理業務の一部も担っているといったケースはよく耳にしますし、中堅社員に新卒社員がやるような簡単な数値入力をずっと行わせているといった事例もよく聞きます。あるいは、総務については専任を置く余力がないため、複数の部門間で気がついた人が備品の在庫管理を担っている、施設管理を担当しているというケースもあります。さらに細かな話でいえば、会社の整理整頓やごみの片づけ、清掃などは「気が付いた人がやればいい」ぐらいに考えている経営者は少なくありません。

このような総力戦のスタイルを続けていると、どこかで必ずほころびが生じます。業務は皆でこなすものという考えは、むしろ「誰かがやってくれるはず」という甘えの気持ちを社員の心の中につくりだします。すると、月末までにやらなければならなかった業務を誰も終えていなかったといった初歩的なミスが頻発し、その責任を問おうにも、業務の担当者が明確になっていないために「誰も悪くない」、あるいは「皆がほかの人に責任を押しつけている」という状況が発生します。

経営者としては、毎月しっかりと給料を支払っているのだから、会社の役に立つことならどんなことでも自ら考えて積極的に行動してほしいと思いがちです。しかし、その気持ちは経営者側の期待でしかありません。組織においてトップに立つ経営者は、社員に漠然とした期待をするのではなく、やってほしい業務を明確に役割として指示し、社員に遂行させる必要があります。

また、〝会社のためになること〟が推奨される行動基準になってしまうと、その曖昧さゆえに業務遂行までにタイムロスが生じてしまいます。それが仮に5分足らずだとしても、自社の100人の社員が全員「これは会社のためになることだろうか」と5分でも考えてしまえば、それは500分のロスになります。約8時間もあればこなせた業務はたくさんあるはずです。それどころか、独自の判断による行動が結果的に会社にマイナスの影響を与えてしまうこともあります。そうなれば、その行動にかけた時間は完全に無駄どころか、マイナスをフォローするためにさらに余計な時間を割く必要が出てきます。会社にとって由々しき問題です。

例えば飲食店で「午前10時に開店の看板を出すのは、そのときに手が空いている人がやる」という曖昧なルールだとしたらどうでしょう。普段は、なんとなく店長がそれをやっていましたが、ある日10時になっても開店の看板は出されませんでした。実は、たまたま仕事が立て込んでいて、看板を出す余裕がなかったのです。しかし「手が空いている人がやる」ということになっていたので「きっと誰かがやってくれる」とタカを括っていたのですが、その目論見は外れました。実は、あるアルバイト店員が、看板がかかっていないことに気付きましたが「もしかして、今日は貸し切り予約が入っていたかな？ それなのにお客さんを入れてしまったら迷惑をかけてしまう。そのままにしておこう」と勝手に判断し、店は結果的に開店時間から30分以上クローズの状態だったのです。飲食店にとって、本来開いているべき時間に開いてないというのは「もしかして潰れたのかも？」といった風評を生む可能性もあり、実際に閉じていた時間以上の機会損失につながる可能性があります。それによって損なわれた評判は、スタッフが3倍一生懸命働いたところで、取り戻すことはできないのです。

なお、少し別な角度からの話として、中小企業の経営者は自社の社員のキャパシティを見誤ってしまうこともよくあります。自社の利益を最大化することにばかりに目が行って、社内のリソースをきちんと把握できていないために、営業職に次々と仕事を取ってこさせては、社内の別部門の実働部隊がリソース不足で悲鳴を上げているというケースをよく目にするからです。中には実働部隊から「人が足りない。手当てしてほしい」と要望が上がっても「今いる社員で一丸となってなんとかこなしなさい。会社の利益になることはプライベートの時間を犠牲にしてでも、なんでもやるべきだ」と突っぱねてしまう会社もあるようです。こうしたやり方は結果的に離職につながります。これも経営者の側に、業務に人を割り当てるという意識が薄いために起こってしまうエラーです。

各社員に役割が決まっていれば、そもそも自社で現在受けられる業務の総量も簡単に割り出すことができます。余力があれば新たな業務を引き受ければよいですし、リソースが不足しているのなら業務を断るという判断もできます。事業拡大を狙いたいのなら、新たに受けたい業務の総量から計算して人材を確保することも可能です。

組織としてあるべき姿は、社員には役割が与えられ、そこに業務と成果目標、責任が伴っている状態です。裏を返せば、各社員が与えられた仕事だけをこなせばよい状態であり、極端な表現をすれば「自分の役割以外のことはすべて無視をしてもよい」という状態です。これは責任の放棄ではありません。会社全体の利益という視点でみれば、すべての社員が会社という大きな組織の中で一つの歯車となって回っており、その歯車がかみ合って作用することで、大きな動力を生み出し、会社が前進していく。こうした姿の組織こそが、健全な組織といえるのです。

「部長なのに仕事ができない」という勘違い

中小企業に対してコンサルティングを行っていると、人材配置に関連した悩みや困りごとについてもよく相談を受けます。その中でもトップクラスに多い相談が「期待して部長（あるいは課長）職に就けたのに、思った以上に仕事ができなくて困っている」というものです。

人に役職を与えるとき、経営者はどうしてもその人への期待値を上げすぎてしまう傾向があります。私自身もかつてはそうでした。「部長職を与えたのだから、必然的にこれくらいの仕事はこなしてくれるはず」「部長なのだから責任感は強くなって当然だし、これまで以上にハードルの高い目標をクリアできる力がついているはず」と。社員に与えた肩書のイメージが先行し、その人の能力は「部長クラスだ」と勝手に信じ込んでしまったのです。

しかし、これは進んでいく矢印の向きが完全に逆です。本来、役職者になったから仕事ができるようになるのではなく、そのポジションに見合った能力があるから役職者になるべきなのです。ところが、中小企業ではこの矢印の向きを意識することなく人事配置してしまっているところが本当に多いのです。つまり、能力が見合っていないのに「きっとやってくれるだろう」と期待を込めて、役職に据えてしまうのです。

その結果、任命した役職者が少しでも期待に添わない行動をしている場面を見つけると「部長なのだからこのぐらいの報告ができなければ駄目だろう」「この程度の判断もできないでどうする」「部門の数字が全然つくれていないではないか」と叱責をして、勝手に裏切られた気分になってがっくりと肩を落としてしまうのです。私自身を含めて、そうした悪いサイクルに陥ってしまっている経営者をこれまで何人も見てきました。

改めて組織における役職者の存在について、確認していきます。当然のことながら、部長や課長、係長といった役職者は、その部門全体や部下を統率する役割を持ちます。そして、会社の目的と部門の目的を照らし合わせながら、部下に仕事を割り振り、そこに成果目標を設定することで、部下にノルマを達成させます。もし、部下に能力の不足があるのなら、その部分を教育し、部下が確実に成果を出せる体制を整えます。ここまでが、役職者の「部下を統率する」という役割の範囲です。この役割には、当然のことながら責任が伴います。簡単に言い換えれば、役職者には部下の管理責任があります。

この役割を遂行することで、役職者に求められるタスクは、部門やチームごとに成果を上げることです。そのために必要なのが、役職者の能力要件の確定です。その際は、現場の業務における「一人前」のレベルを定義したときと同じように、役職者に必要な能力をできる限り数値化して表現し、設定することが肝心です。例えば人事部の部長職の要件を定義するのであれば「人事、労務、採用の業務をそれぞれ少なくとも2年以上経験している」「採用業務において当該課員の採用に関わった人員の離職率が3割以下である」「労務において関連法規に関する社内試験で90点以上を獲得している」といった具合です。会社や部門によって役職者に求めるものは少しずつ変わってくるので、事前に自社の状況と役職者に担ってもらいたい役割を洗い出したうえで、必要な項目を数値化するようにしてください。

それでも、役職者に任命した時点で、役職者として果たすべき役割をすべて完璧にこなすことができる人はまれですから、部長や課長として足りない部分があるのであれば、経営者はそこに対して教育を行います。管理職層にも、彼らの能力状況に応じた教育の機会を与えることは必要です。

役職者は視座を高く保ち、経営の一翼を担っている意識を持ちながら、部門やチームの管理責任を負う必要があります。ですから、経営目線を持つとはどういうことなのか、会社は今どのようなことを考えているのかを研修で学んだり、部下の育て方やコミュニケーションのとり方について学んだり、より高いレイヤーで物事を見て業務を管理していくスキルを鍛えてあげるべきです。

やってはいけないのは、そうした教育を施すことなく「こいつは期待外れだった」と、役職者についていた人をすぐにポジションから外してしまうことです。役職を任命された人は、任命された時点である程度の覚悟を持ち、その職務を全うしようと努力をしてきたはずです。しかし、突如経営者から呼びだされ「君はクビ。来月からまた普通の課員に戻ってもらう」と宣告されてしまっては、いったい何が悪かったのか、どういう仕事の仕方をすれば役職者として正解だったのか分からないまま終わってしまいます。そのポジションに求められる役割の正解が分からないうえに、社長の期待に添えなければ突然見せしめのように辞めさせられるとあっては、次に役職者に就く人も怖くて仕方がありません。恐怖がある中では能力を最大限活かすことは難しいですし、次の役職者は常に正解探しをしながら管理業務を行うため、無駄な労力がかかってしまいます。

役職者を置くうえでは、能力要件や役割、目標をしっかりと定め、これを徹底することが重要です。経営者としてその役職者に特別に期待することがあるのであれば、きちんと言語化・数値化して、その役職者のミッションとして指示をすべきです。心の中で「強い営業チームをつくってほしい」と漠然と思うのではなく「営業部を1年間で3億稼ぎだせるチームにしてほしい」とはっきりと伝えるのです。具体的なミッションがあれば、部長に任命された者は具体的にどのように目標をクリアしていくべきか戦略を考えることができます。部長職に就いたあと、強い営業チームをつくるために、具体的なアクションが起こせるようになるはずです。

組織において役職者は非常に重要な存在です。経営者の目指すビジョンや発言の意図を正しく理解しながら、経営者の仕事の一部と権限を受け継ぎ、現場の部門を動かしていくのが仕事なのです。私は組織改革コンサルティングを進めるうえで、役職者にまつわる物事の整備には最も力を入れて取り組んでいます。役職者の役割と価値について、改めてその重要性を認識してもらえればと思います。

「仕事ができたから役職が務まる」という勘違い

役職者に関する勘違いの一つに「仕事ができること」と「役職者に求められる能力があること」は同じだというものがありますが、実はこの２つはまったく別ものです。

経営者がよくやってしまうのが、営業職として高い数字を取り続けた人に、ステップアップとして管理職のポストを用意するという間違いです。

役職者はその部門の業務において〝個人〟で最大値の成果を出すことが求められているわけではありません。役職者がやらなければならないのは、部下の教育と統率、部門全体の業務と目標の管理です。

例えば、私の経営する会社の営業部には、役職名はついているものの、配下に部下が１人もいない人間がいます。いわゆる〝窓際族〟のような閑職ではなく、現場のプレーヤーとして成果を出し続けた先にある〝究極のプレーヤー職〟のような位置づけです。私は彼の営業成績があまりにも良かったために、一度部長職を任せてみたことがありました。

しかし彼を部長に据えて数カ月後、彼の下にいた人間が次々と退職を申し出てきました。なぜ部下たちが退職を決意してしまったのか、人事部に退職時面談を行ってもらうと、彼が統括していた部署の状況が次第に明らかになってきたのです。

彼は1人の営業職としては、本当に仕事のできる人間でした。おそらく、私の会社の中でもナンバーワンといっても過言ではないくらいの営業成績です。顧客との関係づくりも得意で、相手の懐に入って可愛がられながら、顧客が本当に求めているものを見極め、仕事をつくり出すことが非常にうまい人間でした。

しかし彼は、こと部署の管理業務になると、一切関心を示さなくなってしまったのです。ある意味、彼の率いる営業部は管理放棄とでもいえるような状況が続いていました。自分の仕事ばかりに集中して、現場がどれだけ困ろうが、問題が起きていようが、それを解決することなく新しい仕事を取りに行ってしまうのです。しかもそれが良いと思っているようでした。彼は確かに仕事の成果は上げることができますが、管理職の仕事にはまったく向いていないタイプの人間でした。

そこで私は彼に改めて部長職として求めている役割を提示し、部下を管理するという側面での成果目標も設定しました。それでも、彼は私の指示した内容をほとんど実現できず、その結果、部長職を解くことになりました。しかし、それは本人との合意のうえで行った役職の解任です。部長職を解くことを伝えたときも彼自身、部下を育成すること、部下を動かして大きな成果を上げることが苦手だと感じていたらしく、ほっとしたような表情を浮かべていました。

その代わり私は彼に、現在の「役職名はあるけれど部下はいない」というポジションを与えることにしました。というのも、肩書がついていたほうが顧客との交渉がしやすい場面もあるからです。彼にはさらに高い目標設定に挑んでもらうことにしました。数字を上げればさらに高い評価がついてくるインセンティブの仕組みを与えたことで、彼が得意な仕事の仕方を続けてもらいながら、会社としても正しく評価ができる環境を整えたのです。それによって、彼は水を得た魚のように、再び生き生きと仕事に取り組み、成果もそれまで以上に上げてくれるようになったのですが、人間１人の成果にはやはり限界があります。個人としてももっと評価を高めたいのなら、部下を抱えながらチームや部門をマネジメントする管理職に挑戦してもらうしかありません。

実は彼と私は同い年なのですが、最近心境に変化が生じているようです。40歳を超えた頃から、体力の衰え、つまり20代の頃のように無茶な働き方はできないと感じています。２日連続で徹夜をする、毎日炎天下の中で歩き続ける……そういったことは、今の体力ではとうてい耐えられそうにないと、彼も感じているようです。そのため先日「自分もそろそろプレーヤーとしての限界かもしれない」と相談してきました。そして今後のキャリアを改めてじっくりと考えてみた結果、一度任命されて苦手だと感じた部下の管理業務に改めて挑戦してみたいと考えるようになりました。本人がやる気なのであれば、私はそれを応援したいと思っています。管理職として求められる役割をしっかりと果たしていけるように、まずは彼が苦手としている部下の育成やコミュニケーションのとり方、部門全体の動かし方について教育していくつもりです。彼がこれからどんなふうに変わっていくのか、個人的に非常に楽しみに思っています。

この事例からも分かるように「仕事ができる」ということは決して「役職者として

の能力がある」ということとイコールではないのです。野球で例えれば、名選手が全員名監督になれるわけではないのと同じです。「仕事ができたから役職が務まる」という認識は、完全に経営者側の思い込みであり、勘違いなのです。

「社歴が長いから上司（役職）が務まる」という勘違い

仕事ができるから役職者に据えるというのと同じような考え方で「社歴が長いから役職者が務まる」と考えてしまう経営者がいます。

社歴が長いと、経営者としてはどうしても情が湧きます。またその社員も会社の歴史をいろいろと知っているため、どういう振る舞いをするのが社内における駄目な上司で、どういうマネジメントをするのが良い上司なのかを肌感覚で理解しています。業務の流れもよく理解しており、こちらからの指示も的確に受け取ってくれるので、経営者としては社歴の長い人を重宝してしまいがちです。

しかし社歴が長いからと、年功序列的に役職を与えてしまうのは間違いです。役職者には求められる役割があり、その役割を果たせる人が役職に就くべきですから、単に社歴が長いというだけではポジションを与える理由にはなりません。もちろん自社で長きにわたって仕事をする中で、役職に見合うだけの能力を身につけていれば別ですが「そろそろ入社して5年経つから主任に据えてあげよう」といった恩情からの役職任命はいけません。

私の知り合いに、大学で仕事をしている人がいます。大学といっても教授ではなく、事務方の仕事を一手に引き受ける大学職員のほうです。最近では民間企業に倣った職務分担や昇給・昇進制度を取り入れている大学も増えてきているようですが、知り合いの勤める大学は、古くから続く年功序列の仕組みが健在です。そのため、組織内でよっぽどの問題を引き起こさない限りは、入職後5年で主任、8~10年で係長、15年で課長、20~25年以上で部長に据えられることがほとんどだそうです。すると、管理職として優秀な人とそうでない人の差が歴然と現れ、誰が部長を務めるかによって、その部署のまとまり具合（あるいは混乱具合）が大きく変わるといいます。

その知り合いが勤める大学には、学生募集のための広告出稿を行ったり、入学試験を実施したりする入試部という部署があるのですが、入試部の部長は非常に優秀な人で、約10人の課員に大学の経営層から与えられた「今年は受験者数6000人の確保を実現する」というミッションを示し、各課員に「高校への営業周り１００校」「予算１００万円でＡとＢとＣの媒体に広告を出し、認知度をアップさせる」といった役割を与え、部署をうまく統率しています。

一方で、総務部の部長は、入職歴は長いものの、部長職を務めるためのマネジメント能力がお世辞にも高いとはいえません。それゆえ部下の現状を正しく認識したうえで育成するということが全然できていないうえに、指示がその日の気分によって朝令暮改、かつ怒りっぽい人であるために現場は大混乱だそうです。稟議を通すための書類を作成し、その部長にチェックを依頼すると、同じ書類でも、ある日は「これでいいんじゃない」とチェックが楽に通るところ、機嫌の悪い日は「なんでこんな表現しかできないんだ！」と小一時間の説教が待っているといいます。総務部に所属する人たちは「今日の部長の〝正解〟はなんだろう……」と胃を痛めながら日々の業務をこなしているそうです。総務部はそうした環境ですから、部下の報連相も遅れがちだそうで、大きなトラブルがかなり時間が経ってから発覚するということも珍しくないという話も、知り合いは苦々しい表情で話してくれました。

この大学にはぜひとも、私が出向いて組織改革コンサルティングを行いたいくらいですが、このように入社歴の長さは、管理職の能力要件を満たしていることとまったく関係がありません。むしろ経営層と現場の間に入ってさまざまな物事を調整し、ルールに則って判断をしたうえで、部署やチームのメンバーを率いて成果を出さなければならない管理職は、かなり高い能力が求められ、誰にでもできる仕事ではないのです。やはり社内で役職者を決める際は、その役職に求めるものを明確に定めたうえで、その条件を満たす人を指名する必要があります。

今回の事例で挙げたような入社歴の長さで役職をつける年功序列の仕組みは、いろいろな文献では、実はそこまで歴史のあるものではないようで一説によれば、明治・大正時代の日本は、より高い給料を求めたければ職場を変えるのが当たり前でした。社歴が上がるにつれて役職や給与額が自動的に上がる仕組みが整えられたのは、戦後の経済復興期のことです。働き手が必要だった企業が、将来にわたって優秀な人材を確保できるようにするために、年功序列という日本独特の制度を整備したのです。

出来てまだ50～60年の仕組みだということを踏まえると「入社歴が長いから役職に据えてあげなければ」という年功序列の意識からくる思い込みは、特に捨て去ってしまっても問題ないことが分かると思います。我々経営者が行うべきは人材を適切な場所に、適切な形で配置することです。社歴は長いけれど能力的に大きな不足のある人を管理職に据えても、組織のためにはなりません。逆にいえば年齢や社歴が若くとも、役職者の能力要件を満たすのであれば、役職に据えてもよいわけです。自社の組織構造とルールがしっかりと整えられていれば、若い人材が役職者になったとしても、特に不満の声は上がらないはずです。ルールに基づいて役職者に据えているのですから、反論の余地はありません。

自社の中で年功序列のルールのもとに役職者が据えられ、役割を果たせていない役職者がいると感じているのなら、まずは社内における役職者の業務内容と求める成果、能力要件を改めて整理してみてください。そしてその内容を社内に公開し、現在役職についている人たちのテスト期間を設定します。例えば半年の間に会社が求める役割と成果目標を達成できなければ、能力不足とみなして役職を解任すると通達すると、役職者の仕事をこれからも全うしたい人は、その課題をクリアできるように努力をすると思います。足りない能力があったとしても、テスト期間内にその能力を補うような行動ができていれば、役割は果たせるようになるはずです。会社が求める役割と成果目標をクリアできそうであれば、そのまま役職者に据えてもよいと思います。

しかし、明らかに能力不足が露呈した場合は別です。いくら社歴が長い人でも、テスト期間に役割を全うできそうにないことが判明すれば、役職を下ろすという判断をしたほうが賢明です。

実際、私が以前コンサルティングに入った会社でも、こうした取り組みを行ってもらったことがあります。その会社の代表は、父親から事業を引き継いだ二代目社長でした。社長の悩みは、父親の代からいる60代の役職者たちが自分の言うことを聞かず、コントロールできないことでした。そこで役職者の役割設定とテストを実行してもらったのです。結局、その役職者たちは年齢のこともあり、役職を退任。あわせて会社の退職も決断し、役職者にはもっと若い年代で能力のある人材を登用し、新しい組織へと生まれ変わらせることができました。

このように、役職者に据えるのは年齢が高い人でも、社歴が長い人でも、仕事ができる人でもありません。その役職に求める仕事を遂行できる、たしかな能力を持った人材を据えるべきなのです。

「部下からの信頼があるから役職に向いている」という勘違い

役職者は、部下との間に信頼関係を築くことも大切な仕事の一つです。信頼があるからこそ、部下は上司の言うことを聞いて業務を遂行し、成果を上げ、報告をしてくれるのであり、その土台が壊れてしまっていると、部署の統率を取ることはかなり難しい仕事になってしまいます。

それゆえ、経営者の中には「社員の中で人気を得ている／信頼を獲得できている人」を役職に据えようとする人も多いようです。私の周りでもそうした役職者の選定理由はよく耳にします。

先日コンサルティングに入った会社では、ある部門の部長を選ぶにあたって、選挙を行っていました。ＥとＦ、２人の部長候補がおり、その部門に所属する社員に投票をさせることで、得票数の多いほうを部長にするという工程を踏んだのです。こうしたケースは私も初めて出会った事例だったため「世の中には本当にいろいろな会社があるなあ」と驚きました。そしてこの会社の社長に対して、なぜ投票で部長を決めようとしたのか聞いてみました。すると社長は以前、部長選びで大きな失敗をしてしまったのだそうです。自分の判断基準で部長を選ぶと、かつてのような部署の混乱を引き起こしてしまうのではないかと怖くてたまらず、現場の社員の意見を集めて部長を決めようと考えたのです。

同じ経営者としてその気持ちも分からなくはないのですが、役職者を現場の社員による投票で決めるのは組織の基盤を整えるという観点からいえば、絶対にやってはいけない手法です。役職者には求める役割と能力要件がありますが、現場の社員はそんなことはお構いなしに、自分の都合で役職者を選びます。この人なら話しやすい、この人はいつも優しい、この人の仕事ぶりはかっこよくて憧れる、この人がいれば話がおもしろくて場が明るくなる……。人気のある社員は、こうした理由で多くの社員から支持されていることがほとんどです。それはテレビで毎年のように見かける『理想の上司ランキング』で上位に入る俳優の選定理由と同じような目線です。社員の間で人気があるから役職をつけてもうまくいくのではないかと期待してしまうと、その役職の能力要件との間に乖離が生じ、エラーを引き起こしてしまうことも多いのです。

こうして「役職者は、求められる役割をこなせる人にしなければならない」と話している私自身も、組織構造学の理論を確立する以前は、人気のある社員に役職を任せるという考え方をしていました。実際、面倒見があって、周囲の人間から信頼の厚い社員を役職者に任命したことがあります。その役職者は大きなトラブルこそ引き起こしていないのですが、部下の成果を管理するという点においては、持ち前の面倒見の良さを過剰に発揮してしまうことが相次いでいました。せっかく設定した部下の成果目標について、途中経過をわざわざ部下に聞きに行ってしまうことで下方修正が発生するという事態が続いていたのです。それでは部署全体の目標は達成できませんし、何より部下に対してとても優しいようでいて、実は部下の成長という観点からみれば、部下の伸ばせる能力を引き上げる機会を阻害してしまっていました。

管理職がやるべきは、目標が達成できなかった部下に対して過度に寄り添い、その目標を部下が現状で達成できるものに調整してあげることではありません。あまりにもハードルの高い目標を設定することは論外ですが、部下が現在持つ力から考えたときに達成の可能性がある目標なのであれば、そこに到達できるように教育を施し、部下の能力を高めてあげることが管理職のやるべきマネジメントです。

人気のある人は、その人気を壊したくないという心理が働き、管理職になったとき、部下に過度に寄り添ってしまう傾向があるように感じています。私の会社の面倒見の良すぎる役職者については、その後しっかりとマネジメントに関して教え込んだ結果「時に厳しく指導する」という手札も使えるようになりました。人気があるからと上司に据えると、そうした「結果で部下を管理することができていない状況」が発生することもあるのです。もしも今、社内で人気のある人を役職者に任命してしまっているのなら、その部署の中でその上司が部下に肩入れしすぎてしまっている状況が起きていないか、十分注意して監視しておく必要があります。

なお、人気がある人を役職者にすると、部下がその人間を慕ってついていきやすい、つまり部署の統率がとりやすいというメリットはもちろんあると思います。しかし社内で特段高い人気のある人間ではなくても、役職についてからの行動に工夫を加えれば、部下の統率をとることは十分に可能です。役職者の能力要件に「社員からの厚い信頼を得ている」という項目を設定せずとも、その役職にふさわしい能力のある人間であれば、誰でも部下の信頼を得ることができます。

「部下からの信頼を得る」というときの信頼とは、何も部下から好かれていたり、憧れられていたりするという意味ではありません。個人の感情が大きくプラスの方向に動くという意味での信頼ではなく、部下から「この人は私の上司である」と正しく認識され、その認識のもとに、上司が割り当てた業務を正しく遂行できているということです。言い換えれば、部下が上司の頼んだ仕事を忘れていたという状況が発生したときは、その上司は部下からの信頼をまだうまく獲得できていないといえます。つまり、部下は上司のことを上司だと認識できていないために、頼まれた仕事を「やるべきこと」と意識できず、期日までに仕上げることができなかったのです。組織構造の大前提が浸透している社員であれば、こうした事態は起こらないはずです。自分の上司は誰で、その人から依頼された仕事は絶対にこなさなければならないものであると認識できていれば、こうした「仕事のやり忘れ」は起こりません。

では、そうした前提があったうえで、役職に就いた人はどのようにして部下の信頼を獲得すればいいのかというと答えは簡単で、誰が上司なのかをあまり意識していない部下に対して「常に上司の課題下にある状況」をつくればよいのです。つまり上司として部下に対してクリアしてほしい課題を設定し、その課題に対して成果を報告する機会を高い頻度で設けるのです。

もし部下が課題に取り組むことを忘れたら、注意をして期限を再設定したうえで課題の再提出を求めます。逆に課題をきちんとクリアできたのであれば、その事実に対してしっかりと褒める言葉をかけます。続けているうちに、部下のほうがだんだんと、上司から業務指示が降りてくる状況に慣れ、上司に報告をすることが当たり前になっていくはずです。部下との信頼関係がうまく構築でき、組織の滞ることのない上下の流れが完成し、その部署の業務が円滑に回っていくベースが整ったことになります。

たとえもともとの人気がそこまで高くない社員であったとしても、組織構造学に則った正しい方法で部下を管理すれば、部下との関係の構築は十分に可能です。むしろ好きや嫌いといった感情が発生していない関係のほうが、業務はスムーズに前に進んでいくと思います。

「役職についたほうがやる気が出る」という勘違い

「役職についたほうが仕事に対するやる気がアップするのではないか」という考え方も大きな間違いです。組織改革のコンサルティングをしていても、役職がモチベーションの源泉になるという思い込みをしている経営者は非常に多いと感じるのですが、そうした経営者に出会うたびに私は「それは違いますよ」とお伝えしています。

私は今でこそ役職には必要な能力要件があり、それを満たす人がその立場に就くべきだと考えていますが、組織構造学の理論をつくり始める以前の20代～30代前半の頃は〝名ばかり管理職〟を量産していました。

当時、会社の事業規模が格段に大きくなったことで人手を欲していた私は、大手の同業他社から面接を受けに来た人材を「大手出身だから仕事ができるはず」という理由で採用し、ある部門の部長を任せることに決めました。

社員数が６人、パートを入れると50人という規模の部門でしたが、最初のうちは大手出身の人材が部署内を切り盛りすることで業務がうまく回っていました。彼の下についた部下も「仕事がしやすくなった」「新しい部長が来てくれて本当に良かった」と喜んでいたのをよく覚えています。

しかし彼が会社に慣れてくると、次第に歯車がかみ合わなくなっていきました。なぜなら彼は、何かと理由をつけて、部下に主任などの役職を与えたがる人だったからです。彼は私のところへ事あるごとにやってきては「部下のGを主任にしたいと思っている」「今度は部下のHを係長に」「次は部下のIを課長に」と、部下の昇進の意向を伝え、判断を仰ぐよう促してきました。私がなぜ社員をそんなに昇進させたがるのか聞いてみると、彼は「ポジションに就けば誰でもやる気が出るものだから」と答えます。私は起業前に3年ほど社会人をしていたことがありますが、自分が昇進した経験もなければ、人を昇進させるタイミングについて教わったこともありませんでした。だからその大手出身者の部長の言うことを「大手ではそうやって組織を回しているのか」と信じて疑わなかったのです。むしろ「役職者が増えて、なんだか会社っぽくなってきたな」と楽観的に考え、彼の提案に反対することなく役職者を次々と増やしていきました。

こうして役職者を増やしてましたが、部門の体制も業績も生産性も何ひとつそれまでと変わりませんでした。変わったことといえば、役職名がついた社員の給料が毎月1000円程度増え、少しばかりパート社員の前で威張れるようになったことくらいです。それもそのはずです。役職がついたといっても、特に明確な役割を定めてもいなければ、責任の範囲や目標、目指すべき能力要件についても決めていなかったからです。本当に名ばかりの役職だったので、組織の生産性が変わるはずもありませんでした。今の私が当時の私に会えたとしたら「モチベーションアップのために役職を与えるなど本末転倒。会社のコストが増えるだけで、まったくもって社員のやる気に影響しないので、名ばかりの昇進は今すぐやめなさい」と厳しく諭します。

似たようなエピソードはほかの会社でもよく耳にします。昨年買収した会社でも、部下が1人もいないにもかかわらず主任や係長、リーダーといった肩書を持つ人材が多数在籍していました。代表に理由を聞いてみると「現場をやる気にさせるため」と言っていました。また、私は休日になるとよく経営者仲間とゴルフに行くのですが、人数合わせで連れてこられた部下が名ばかりの役職者ということも多いです。その部下を連れてきた経営者に、なぜ名ばかりの役職者を置いているのかと聞いてみると、やはり「彼はもう社歴も長いし、役職をつけることでさらにやる気が出ると思うんだよね」といった話が出てくるので「役職＝モチベーションアップになる」という考え方で役職者を任命する経営者は私が思っている以上に多いのかもしれません。

ちなみに私の会社で起きた〝名ばかり役職者〟の量産事件は結局、彼のやり方に疑問を呈するようになっていきました。部下を役職者に任命してやる気を引き出せたと満足し、肝心の部下の育成や問題への対応、部門の業績管理についてマネジメント力が足りなかったのです。その部門の社員から、徐々に私に対して「あの部長はいらない。解任してくれ」と苦情が入るようになりました。最終的に私はその部長の任を解くことになり、その後は営業関連の仕事をさせましたが、ついに会社を去りました。彼が任命した名ばかりの役職者については、全員役職を外しました。その中には退職を選んだ人もいますが、現在も残ってくれている社員は役職がつかずとも目の前の業務と目標に勤しみ、頑張ってくれています。

「営業で仕事を取れないから管理職は務まらない」という勘違い

「仕事ができるから役職が務まる」と考えるのと同様に、真逆の方向ながら「仕事ができないから管理職は務まらない」と考えるのも大きな勘違いです。そもそも現場の仕事ができるかどうかという点と、管理職として担うべき業務ができるかどうかは判断軸が別です。部署の仕事をこのラインまで達成できていないと管理職には就かせられないと判断してしまうと、管理職に適した人材を見過ごしてしまうことになります。管理職は「管理職」という、現場の仕事とはまったく別の職種であるため、適性があるかどうかの判断は、通常の職種とは異なる枠組みの中で行わなければならないからです。

どの会社でも、管理職は重要なポジションだと考えますから、管理職人材を探す際は、慎重に人材を見極めます。しかしその際の判断軸が「仕事ができるかどうか」に偏ってしまいがちです。営業部の部長なら営業で、経理部の部長なら経理業務で、目立った華々しい成果を出せていたかどうかに目が向いてしまう企業が多いのです。

組織構造学に則って考えれば、役職者、つまり管理職が担うべき役割は「部署の円滑な運営」と「部下の育成」だけです。〝だけ〟とは言ったものの、それらは非常に重要な役割です。組織はそこに所属する人数がある程度の規模を超えてくると、どうしてもピラミッド型の構造にせざるを得ません。組織の規模が拡大し、組織で手掛ける事業が大きくなればなるほど、代表がすべての現場を丁寧に見て、細やかに物事を判断し、対応するわけにはいきません。代表の持つビジョンと権限、これまでに担ってきた役割を1段、2段下の階層にいる人たちに移譲していかなければならないのです。役員や部長、課長に権限が降りていき、ビジョンに基づいた役割とそれに紐づく責任を背負わせることで、組織は目指す目的に向かって正しく動いていくことができます。

この原理原則を理解すれば、管理職に華々しい成果は不要だということが分かると思います。むしろ大切なのは、組織のビジョンを正しく把握し、権限をうまく使いながら、役割と責任をしっかりと果たせるかどうかです。その意味でいえば、華々しい成果を上げられた背景が「一匹狼で仕事をがむしゃらに頑張ることが得意だった」というものであれば、もしかすると管理職は向いていない可能性があります。過去にどれだけの成果を上げてきた人間なのかという点にばかり着目していると、自社の管理職にミスマッチな人材を採用・昇進させてしまうかもしれません。

私の会社では組織構造学に基づいて社内の基盤を整え始めたとき、管理職の役割と求める能力、成果を設定した際に、同時に管理職の育成も行いました。部下を正しく育成することができ、与えられた役割と責任、権限のもとで、社内のルールに基づいて部署内で起こるさまざまな物事を自ら判断して動かしていける管理職を、時間をかけて育てていったのです。

管理職を育てるために、まずは管理職として知っておいてほしいことを言語化し、伝えていくことが重要です。私が見据えている会社のビジョンの全体像や今後の計画のすべてを余すことなく伝えるのは難しい部分がありますから、会社のビジョンに関して必ずや理解させようとしなくとも構いません。

最低限押さえておいてほしいのは、その管理職が統括する部門のビジョンと計画です。その部門をどんなふうにしていきたいのか、その部門が関わる事業をどこまで成長させたいのかといった話は、当然のことですが管理職には正確に理解してもらったほうがよいでしょう。

そして部署の利益構成や業務の全体像、部門の目標を達成するために行うべきことを理解させたうえで、社内ルールや判断基準に基づいて、自分の権限の範囲で判断し、実行まで持っていく経験を徐々に増やしてもらいます。経営者の側も慣れていないと最初のうちは管理職に対して細かく報告を求め、アドバイスをしたくなるものですが、そこをグッと我慢して、おおむね方向性が間違っていないようであれば、特に手出しや口出しをせずに管理職の成長を見守っていく必要があります。

つまり、管理職の育成フェーズで大切なのは、管理職に完璧を求めないということです。社内で管理職の能力要件を設定したとしても、それを100％完璧に満たす人はそうそういないはずです。あるいは、管理職の能力要件を設定する際、既存の管理職人材を参考にして定めると、およそ超人技のような要件ができあがってしまうこともあります。管理職に就いたばかりの人が最低限できていないといけないラインはどこにあるのかを見定め、その達成を管理職の育成フェーズで求めていく。このことが、組織の盤石な基盤を固めるうえで欠かせないのです。

「管理職を育成するなんてそんな悠長なことをやっている暇はない」と思う経営者もいると思いますが、組織改革コンサルティングのプログラムでは、管理職の育成はどんなに長くても2年以内に完了できます。その後、育成した管理能力が正しく機能し始め、社長の判断を仰がずとも部門が回っていくような正しい組織のあり方になるまでには、最長でも5年の時間があれば実現します。そうなれば生産性は上がる一方です。なにも難しいことを行う必要はありません。組織の中で、役職者はどのような役割を果たす存在なのか。この点を正しく認識し、組織の中で正しく役職者を配置すれば、自ずと自社の基盤が整っていくものです。

実際、私の会社では２０１２年から営業部の発足をきっかけに組織づくりを重点的に実施したことで、現在では私がいなくとも会社が円滑に回るようになりました。私の配下には６人の人材がいますが、彼らは皆、子会社の社長を務める人間です。各人材にはその会社を運営するための権限を与えてあるため、子会社で何かトラブルが発生したり、採用や退職があったりしても、基本的にはその情報が伝わってくるのはすべて事後報告のタイミングです。半年に1度、彼らに子会社の運営方針に関して細かな指示を与えたあとは、毎月1回の定例報告を除き、あとはすべて彼らと現場の管理職層の判断で回してもらっています。

ただ、物流業界はまれに特殊なトラブルも起きるものです。そういった場合は、私のもとへ相談がくることもあります。また、何か事業を行ううえでリスクが発生する場合も相談がきますが、基本的に私の出番があるのは、社内のルールやマニュアル、前例にないことが発生したときくらいです。前例になかったことも、事例が発生したときに私が判断し、その後ルールにまとめていくことで、再度発生した際は現場で判断できるように仕組み化しています。

このように、管理職層を育てることで、経営者がわざわざ現場の細かな物事に首を突っ込まなくても、各部門が業務を円滑に回し、利益を生み出してくるという、会社として本来あるべき姿を実現させることができるのです。

勘違いを正し、強靭な組織をつくっていくために

中小企業の経営者が陥りやすいさまざまな〝勘違い〟について、「コミュニケーション」「社員育成」「人材配置」の3つの観点のうち1つでも当てはまる事例があったのであれば、あるべき姿に戻せるよう、早急に対策を講じていただければと思います。

しかし、勘違いを正し、組織の基盤を整えていくためには、「組織とはどうあるべきものなのか」という根本的な問いに立ち返らなければなりません。組織とは、良い人材とは、社員の役割とは……という、基本的だけれど普段はなかなか定義を振り返ることのない事柄について、改めて問い直し、考えていく必要があります。

組織とはどのようなものなのかを正しく理解できると、その後の組織づくりの工程において、自社には何が足りていて、どんな要素が不足しているのかを把握しやすくなります。そして、不足する事柄について、どのような対策を立てるべきなのかについてもかなり考えやすくなるはずです。生産性が最大化した組織をつくるためにも、ぜひ今一度、組織運営にまつわるさまざまな事柄の定義や考え方を確認していただけ

ればと思います。

我々のような中小企業を取り巻く経営環境は、急速な変化の渦中にあります。テクノロジーの進歩は加速度的であり、ＡＩやＩｏＴの普及は業界の垣根を越えて企業のあり方を変えつつあります。また、グローバル化の進展により、中小企業といえども世界規模の競争に晒されていますし、顧客ニーズは多様化の一途をたどっています。一方で、労働力不足も深刻化していますから、これからの中小企業は現在よりもさらに人材確保が困難になることは目に見えています。そのような時代の中では、たとえ中小企業であっても、ちょっとやそっとの風では倒れないような強靭な組織をつくることは必要不可欠です。

中小企業には機動性の高さや意思決定の速さという強みがありますが、同時に経営資源の制約という弱みもあります。この強みを活かし、弱みを補うためにも、組織の強靭化は避けて通れません。イノベーションの創出、新製品・サービスの開発、ビジネスモデルの革新など、中小企業の生命線ともいえる取り組みを持続的に行うためには、強靭な組織基盤が不可欠なのです。

強靭な組織づくりは、単なる理想論ではありません。それは企業の競争力向上、持続的な成長の実現、人材の定着と育成につながる、極めて実践的な経営戦略なのです。これからの不確実な時代を勝ち抜くためには、中小企業こそが率先して組織の強靭化に取り組む必要があるといえるのです。

第3部

コミュニケーション、社員育成、人材配置……よくある〝勘違いマネジメント〟から脱却すれば生産性は高まる

そもそも組織とは何か

会社を経営していると、「組織」という言葉をよく使います。あまりにも当たり前の言葉であるがゆえに、定義をはっきりと意識することがないかもしれません。しかし、より良い組織運営を目指すのであれば、組織とはどのようなものなのかを正しく理解しておく必要があります。組織のあるべき姿が分かってこそ、自社の組織構造を正しい形へと整えることができるからです。

手始めに、組織という言葉にはどのような意味があるのかを手元の辞書で調べてみると『岩波国語辞典 第八版』には「ある目的を目指し、幾つかの物とか何人かの人とかでつくられる、秩序のある全体」という説明がなされていました。要するに、組織が成立するためには「人が目的を持って集まった集団」であり、そこに「何らかの秩序が存在している」という要素が欠かせないことが分かります。

経営学においても、数々の研究者によって組織の定義が行われています。組織理論を確立した経営学者のチェスター・バーナードは、組織を「二人以上の人々の意識的に調整された活動ないし諸力の体系」と定義づけました。（出典：石塚浩「バーナード組織論への違和感」文教大学大学院 情報学研究科『IT News Letter』2007年, Vol3, No.2, p.1）つまり、バーナードは「複数の構成員が集まり、彼らがコミュニケーションを取りながら特定の目的達成を目指して、意識的かつ計画的に行動する集団」こそが組織であり、個々の組織は、組織目標の達成と構成員がそれぞれに持つ個人的な目的の充足という２つの機能を果たすと考えたのです。

まとめると、組織として成立するために欠かせないのは、

①　複数の人が同じ目的を目指して集まっていること

②　構成員を束ねる何らかの秩序とコミュニケーションがあること

これら２つの要素だといえそうです。ただ「複数の人」と表すと少し曖昧ですから、これから行う組織構造学の議論の中では、会社としてマネジメントが発生する最小単位の「２人以上」で構成される集団を組織ととらえるというふうに定義します。

この定義を会社経営に当てはめると、次のような表現ができます。

〝会社組織とは、自社の目的に賛同した２人以上の人が集まり、上下の指揮命令系統やルールなどが整備され、秩序を保って運営されている集団のこと〟

こうした定義を踏まえると、経営者が自社の運営と向き合ううえで大切にすべき前提が見えてきます。それは、自社の目的を達成するために、自分自身が組織のトップに立って指揮を執るということです。経営者自身が組織のあるべき姿を意識し、ふさわしい行動をとりながら、自社に必要な機能を整えていかなければならないのです。

組織の目的を考える

では「組織の目的」とはいったい何なのでしょうか。組織の目的とは、その組織の存在理由であり、組織を運営するうえで軸となる方針のことです。会社であれば、経営理念やミッション、ビジョンが組織の目的にあたります。

経営学者のチェスター・バーナードも、組織の構成要素として「共通目的」「協働意思」「意思疎通」の3つを挙げています。この3要素は、組織を成立させるうえで絶対に欠かせないものだとしており、そのうちの「共通目的」がここでいう組織の目的にあたります。会社を経営するうえで、経営理念やミッションはなくてはならない存在なのです。

経営理念やミッションの中に記す会社の目的は、事業を通じてつくりたい社会像や自社が社会に与えたいインパクトを表明したものでなければなりません。なぜなら、現在のパナソニック株式会社を創業した松下幸之助の言葉を借りれば、「会社は公器」だからです。会社が事業を行ううえで欠かせない人や資金などの資源は、もともと企業の外側にある社会の中に存在していました。そうした人や資金を社内に受け入れ、活用していくことで利益を生み出し、それを社内の人間や社会に還元していくという経済活動を行う企業は、社会と密接に関わっており、大きな影響を与えているといえます。

しかし中小企業の経営者は、こうした企業の有する社会性の大きさをあまり意識せずに、会社の目的を設定することが多いものです。すると経営理念やミッションで描く方向性のベクトルがすべて社内に向いてしまい「社員の幸せのために」「社員がスキルアップできる組織になる」といった理念をつくってしまうケースをよく見かけます。

また、職人気質な経営理念の設定も、「会社は公器」という前提に基づけば、あまり良いつくり方とはいえません。例えば「私たちのこだわりの家具を社会に届ける」といったビジョンは、一見すると事業の存在理由を芯のある言葉で表しているように思えますが、自社の〝こだわり〟が本当に広く社会に受け入れられるものなのかは分かりません。

自社の継続的な発展を望むのなら、まずは会社として設定する理念や目的を社会性の高いものにすべきです。どんな経営者も、会社の代表としてのキャリアを歩み始めたとき、自社の手がける事業でどのような顧客に喜んでもらいたいのかを、一度は考えたことがあるはずです。そのときの思いを改めて突き詰め、自社の事業をなぜこの社会の中で行うのかを言語化してみてください。そうすれば、社会への影響を意識した会社の目的が自ずと出来上がってくると思います。

なお、私がこれまで見てきた中では、株式会社ローソンとソフトバンク株式会社の経営理念が特に優れていると感じました。2社の経営理念は、自社の事業の存在意義と会社が果たそうとしている使命を非常に分かりやすい言葉で言語化しています。参考までに、左記に引用します。

・ローソン：私たちは〝みんなと暮らすマチ〟を幸せにします。
・ソフトバンク：情報革命で人々を幸せに

今回例示したローソンやソフトバンクの経営理念はかなりコンパクトにまとめられていますが、理念の機能は組織の目的や存在理由を示し、それに賛同する人を集めることにあると考えると、こうしたシンプルなフレーズとして作成しなくとも構いません。重要なのは、自社の持つ目的を外部に正確に伝えることです。

社外の人に自社の思いや考え、存在理由がきちんと伝わると、理念やミッション、ビジョンの達成に向けて賛同する人が現れ、人材確保も進めやすくなります。明確かつ社会性のある理念を掲げている企業の多くが成功を収めているのは、人や資金が集まってきやすく、社員が目的に向かって仕事をしやすいからだといえます。

良い人材の正しい定義とは

組織の目的、つまり自社の理念やミッション、ビジョンが明確になれば、自社に集まってくる人材にも少しずつ変化が生じてくるはずです。すぐにとはいえませんが、長期スパンでみれば自社の目的を正しい形で定めたあとのほうが、これまでよりも自社にマッチした人材を集めやすくなると思います。中小企業は採用市場で不利な条件のもとに戦わざるを得ないことが多いものです。だから、自社の目的をはっきりとさせることで少しでも〝良い人材〟を確保しやすくなるのなら、理念で使う言葉や表現する内容を見直してみない手はありません。

ここで今一度、問い直さなければならないことがあります。それは「良い人材とは何か」ということです。「良い人材が欲しい」「優秀な人に仲間になってもらいたい」という願いは、経営者であれば誰しもが持っているものだと思います。しかし、そもそも「良い人材」とはどのような人のことをいうのかを明らかにしなければ、いくら優秀な人を確保しようと採用や教育に力を入れたとしても、ピントのずれた施策を打ち続けることになってしまいます。

一般的な文脈で使われる「良い人材」とは、細部までよく気が付き、自分で考えながら必要な行動を起こせる人を指すことが多いように思います。こちらが指示せずとも業務にプラスとなる行動がとれる人は、多くの会社で「良い人材」と評価されます。いわゆる、一を聞いて十を知る人材です。

こうした人材は、大手企業であれば採用できます。大手企業の採用選考に集まってくるような、レベルの高い高校・大学を卒業し、良い成績を収め、学生時代にさまざまなことにチャレンジしてきた新卒社員や、前職でトップクラスの実績を上げてきた中途人材であれば、一を聞いて十を知る動き方が可能です。彼らはきっと、入社後も多くを教えずとも会社の目的を正しく理解し、自主的に考え、成果を上げてくることでしょう。

しかし、中小企業は採用活動の前提条件が大手企業と根本的に異なります。一般的にいう「良い人材」を集めようとしても、そうした人材が自社の選考に応募してくることはまれです。しかも、中小企業では、確保できた人材を「良い人材」に育て上げようとすると、大手企業の何倍ものコストや時間がかかってしまう可能性があるのです。

一方、社員の側から見ても、会社から一般的な「良い人材」であることを求められるのは負担が大きすぎる可能性があります。例えば、長く経験を積んだ仕事であれば業務指示のさわりの部分だけを聞いて、その完成形をイメージしながら率先して業務に取り組むことができると思いますが、経験のない仕事や初めて行う仕事で自走を求められても困ってしまうという人は少なくありません。つまり、中小企業においては一般的な「良い人材」を求めようとしてはならないのです。

では、中小企業における良い人材とは、どのような人のことをいうのでしょうか。組織構造学では、良い人材を「言われたことをやる人」と定義づけています。ニュアンスをもう少し正確に表現すれば「言われたことだけをしっかりとやれる人」こそが、中小企業における良い人材です。

組織には、トップダウンの指揮命令系統があります。それは多くの人間の力を結集させて組織の大きな目的を達成するために、絶対に欠かせないシステムです。業務はこの上下関係の流れの中で、上から下へと粒度を細かくして降りてくるものです。上から降りてきた業務を一人ひとりの社員がしっかりとこなし、成果を上げることで、ひとつひとつの成果は小さくとも、それらが組織の中で集合すれば、会社の目的の実現へと近づいていきます。中小企業にとっては、業務が上から下に流れていく組織構造の中にピッタリとはまって行動できる人材を確保することが重要なのです。

また、言われたことをやる人が良い人材だと定義し、それを社内に浸透させれば、業務指示の行き違いを大幅に減らすことができます。例えば業務の成果を報告書にまとめる際、誰かに指示されなくともデータをグラフ化し、見やすく資料をまとめるという工夫は〝やって当たり前〟のものでした。そのため、新入社員がそれができていないと「なんでグラフを挿入していないんだ、こんなの当然の仕事だろ!」と叱責する事態が随所で起こっていました。しかし、言われたことをやる人材であれという方針が社内に行き届いていれば、そもそも上司の側から業務指示の中に、報告書はデータをグラフにまとめて記載することという細やかな指示を行うはずです。そうすれば上司も社員も必要以上にストレスを抱える必要がなく、職場の雰囲気をむやみに悪化させなくて済みます。

人間には心があります。物事に対して心が揺れ、感情の発生する人間が集まっているからこそ、組織にも「人の感情が働くポイント」が必ず出てきます。組織をうまく機能させたいのなら、この感情が働くポイントを理解し、なるべく感情を介入させずにフラットな状態で業務が動いていく仕組みをつくるべきです。

もちろん、感情が組織の成果に良い影響をもたらす場面もあります。社員の成長意欲は、求められている以上のパフォーマンスを出すことにつながるので、こうした感情を持ってくれることは経営者としても歓迎したいものです。ただし、プラスの感情が効果を発揮するのは、あくまでも組織の指揮命令系統や業務の流れがしっかりと築かれている場合です。個人の意欲は、業務が上から下へと流れていく構造と反対方向に矢印が向いています。下から上へと欲求が向かっているため、現場の成長意欲を重視しすぎてしまうと、組織の構造がぐらついてしまいます。もし、新入社員が「もっと仕事をさせてくれ」と要求をしてきたのなら「この仕事が一人前にできるようになったら」と条件を提示し、その社員の感情の働きを少しセーブするべきです。

言われたことをやれる人を求め、そうした人材を活用する。この基本的な前提が、限られた資源の中で戦わなくてはならない中小企業に必須なのです。

現状のロスを考える

言われたことをしっかりと遂行できる社員が良い人材であるという前提に立つと、社内における業務の流れに対する考え方も変わってきます。

従来の良い人材の定義に基づけば、会社として成果を上げるためには、現場の社員の能力を最大限に引き上げ、会社の利益となるような行動を各自で行ってもらうことが欠かせませんが、組織構造学の考え方を使えば、上から下へと降りていく業務の流れをせき止めないようにすることで、どのような組織でもしっかりと成果を出せるということになります。

業務の流れをせき止めてしまう原因にはさまざまなものがありますが、共通する要素として挙げられるのは、本来はシステマチックに進めなければならない業務において「個々人の価値観や感覚による判断が入ってしまう」という点です。

例えば仕事の受注判断や営業先の選定について、社員がひざを突き合わせ、時間をかけて議論を行う企業はとても多いように感じます。しかし、問い合わせのあった仕事を引き受けるべきかどうか、どのような企業に営業をかけるべきかどうかは、そもそも自社の目的と照らし合わせてあらかじめ基準を設定しておけば、現場レベルで即座に判断することが可能です。

業務において「すべきかどうか」を検討・議論するのは本当に時間の無駄です。貴重な時間はなるべく生産性のあることに充てたほうが会社のためになります。業務上、人によって意見が分かれやすい部分に関しては、あらかじめ経営層や管理職がルールや基準を設定しておくことで、現場での人材と時間のロスを大幅に減らすことができます。〝価値観や意見の違いからくる社員同士の対立の機会をなるべく取り除く〟。これを意識するだけで、組織の生産性をさらに高めることができるようになるはずです。

人材と時間のロスという観点でいえば、社員を育成する場面でも気をつけるべきことがあります。それは、上の立場に立つ人が常にフラットな状態で相手と接し、指示や評価はあくまでも社内の基準とルールに則って行うということです。現場の社員にとって、経営者や上司は立場が上の人であり、どうしてもパワーバランスが強くなります。だからこそ、その日の気分によって相手への接し方が変わったり、指示・評価の内容が変わったりするといったことは絶対にあってはなりません。それをすると現場の社員は常に経営者や上司の顔色を窺って、正解の行動を探して右往左往するようになってしまいます。

例えば、以前私が組織改革コンサルティングを担当していたあるスポーツチームでは、監督の言葉足らずで朝令暮改な指示や指導に選手が振り回されていました。少し古い考え方を持っていたその監督は「詳しく説明せずとも、俺の背中を見て考え方を学べ」というスタンスを持っていたのです。監督の意向は、現場のメンバーが監督の行動をつぶさに観察しながら推し量るしかありませんでした。そして、監督の考え方が一貫しているのならいいのですが、残念ながら、その監督には気分屋なところがありました。考え方や意見が毎日のようにコロコロと変わり、それを正確にくみ取れないと、最悪の場合は試合に出させてもらえないこともあったのです。それゆえ、私がコンサルティングに入るまで、選手たちは試合で活躍の場をもらえるよう、監督の意向を常に探って「正解」を求める日々を過ごしていたといいます。

この事例は改めて今思い返してみても、なんとも生産性のない話だと感じます。スポーツチームの目的は、競技で成果を上げることにあるはずです。毎回の試合で勝利を目指すということであり、選手の技術を向上させてパフォーマンスを上げる必要があるということです。しかし、監督の意向を日々探っているようでは、パフォーマンスは一向に上がりません。このチームも、選手たちは監督の思いや考えを把握することにばかり時間がとられてしまい、肝心の技術向上の部分にはあまり時間を費やせていませんでした。これでは、せっかくの高いポテンシャルを持つ人材と貴重な時間を大幅にロスしてしまっています。気分屋の監督がいなければ、このチームは試合でもっと勝てていたかもしれません。

このように組織の中で上の立場にある人は、気分で行動を変えてはなりません。常にフラットに相手と接し、行動の基準は社内のルールに則っている必要があります。明確な基準に基づいて指示や評価が行われるからこそ、現場の社員は迷うことなく、目の前の業務に打ち込むことができるのです。

そして、組織の「正解」を決めるのはあくまでも経営者であるということを忘れないでください。社内のルールや基準を定めるのは、自社が社会の中で実現したいこと、社会に対して貢献したいことを考えた経営者自身です。人数の多い企業であればあるほど、すべてのルールを自分で決めることは難しいと思います。その場合は、自社の理念やビジョンを正しく理解した部門長に、各部門のルールや基準を設定してもらうとよいでしょう。大切なのは、社内のルールや基準が、自社の目的に沿って定められていることです。一本大きな軸を通したうえで、各部門の決まり事を固めていくことで、人材と時間のロスを生むことなく組織を運営することができるようになるはずです。

組織は必ず評価され続ける

自社の経営を最適化したいのなら、人材と時間のロスを削減するだけでなく「組織は必ず評価され続ける」という基本原則をしっかりと押さえておく必要があります。では、企業は誰に評価されるのでしょうか。それは、ステークホルダーです。企業には株主、従業員、金融機関、取引先、顧客、競合企業、地域住民、行政官庁などの多様なステークホルダーが存在します。企業は事業を通じ、そうしたステークホルダーに何らかの影響を与えている一方で、彼らからも常に評価を受け続けています。

中小企業の経営者として特に意識したいステークホルダーは、やはり顧客です。顧客から仕事を発注してもらえるかどうかは、自社の存続にシビアに影響するため、顧客の評価を絶えず気にしているという経営者は多いように思います。

顧客の評価とは、すなわち仕事の発注状況です。仕事を継続発注してもらえたり、先月よりも多くの発注があったりしたのなら、顧客の満足度が高いといえます。逆に仕事を失注してしまったのなら、顧客は自社のサービスに何らかの不満を抱え、ほかの製品・サービスを利用することに決めたのだと考えられます。

たとえ1案件の失注でも、中小企業にとっては決して少なくない打撃があります。売上の減少は、社員の給与支払いにも大きく関わってくる問題です。そのため、多くの中小企業経営者が顧客満足度を維持・向上させられるよう、日々知恵を絞って考え、自社の製品・サービスのあり方を点検しています。

ただ、そのように顧客満足度を追求する際は「顧客志向になりすぎないこと」に注意しなければなりません。中小企業においては1案件の失注がかなりの痛手となるケースも多いからこそ、目の前の顧客を逃すまいと、徹底的にしがみつきたくなる心理が働きます。

さらに今は、インターネットやＳＮＳを駆使すればいくらでも情報を取得できる時代です。企業経営にまつわる知識やノウハウを無限に調べることができますから、経営者としては、自社の経営をより良い状態にするためにも、調べて知ったさまざまな施策を取り入れてみたくなるものです。特に、成長著しい同業他社が行っている取り組みなら、どれも無条件に自社へと導入してみたくなるもの。ですが、そこで行動に移す前に、一度冷静になって改めて「組織の目的」に立ち返ってみてほしいのです。

いくら同業他社でうまくいっている取り組みでも、すべてが自社で効果を発揮するわけではありません。自社の理念やミッション、ビジョンに合わない施策は、むしろ取り入れてしまうと逆効果になることもあります。

例えば、Ａという会社が「丁寧な対応で、お客様からの信頼に応えられる物流を実現します」という理念を掲げ、個人宅への配送サービスを行っていたとします。Ａ社は、届け先との関係構築がうまく、ふるさと納税や通販サイトでの購入品の配送で顧客から高い評価を得ていました。そうした会社が、同業他社が右肩上がりの成長を遂げていたからという理由で米国発の大手ＥＣサイトの配送事業に乗り出しても、おそらくうまくいきません。なぜなら、大量の物をいち早く届けることに重点が置かれている大手ECサイトの仕事は「丁寧な対応」「お客様の信頼に応える」というA社の目的と合致していないからです。A社が顧客から評価されていたのは、コミュニケーションによって顧客との関係値をしっかりと構築し、配達物を丁寧に届けられていた点です。大手ECサイトの仕事では、そうした深いコミュニケーションも丁寧な配達も求められておらず、いくら仕事をこなしたとしても、A社の強みや特徴が活かせないために、これまで得られていたような顧客からの高い評価にはつながらないのです。

中小企業は大手企業とは違い、経営体力が限られています。だからこそ、顧客に喜んでもらうための施策だとしても、自社の目的に沿って本当に必要な取り組みを選別することが欠かせません。自社の目的や理念に近づけるもののみを選び、取り組みでパフォーマンスを出していく。それこそが、顧客からの評価につながっていくのです。

なお「組織は必ず評価され続ける」という基本原則には、組織そのものだけでなく組織の長である経営者、そして所属員も含まれます。考えてみれば、当然のことです。組織はそれ自体が命を持っている生き物ではありません。経営者は市場や株主から評価を受けます。そして組織の評価は所属する一人ひとりのメンバーの行動に対してもされているということを忘れてはなりません。

組織はあらゆるレイヤーで評価を受け続けるからこそ、経営者も自社の社員も、自分たちが常に評価にさらされているのだと、評価の流れを理解しておくことが大切です。

組織は評価され続けるという認識を正しく持っておくことが、自社の経営を最適化する近道となるのです。

所属員の役割

特に社員の評価について考えると浮上してくるのが、現場の社員一人ひとりに「どのように役割を与えるか」という問題です。本書の見出しでは「所属員」という言葉を使っていますが、これはつまり組織に所属するメンバーのことです。会社でいえば社員を指します。組織改革コンサルティングでは、企業だけでなくスポーツチームやそのほかの団体なども研修やコーチングの対象となるため、あらゆる組織に所属する人を表現できるよう所属員という言葉で表しています。

組織の掲げる大きな目的を達成しようとするのなら、その目的を因数分解して小さな要素に切り崩したうえで、それらの要素を基に所属員に役割を与えることが必要不可欠です。会社に置き換えれば、各社員に業務を割り振り、それを通じて達成してほしい目標を設定することが大切です。経営者としては、各所で何度も聞いたことのある至極当然の話ですが、実は意外とこの基本的な事柄を徹底できていない企業が多いのです。

例えば以前、組織改革コンサルティングを行う中で、このような事例を目にしたことがあります。ある企業の人事部に新入社員が配属され、入社歴の長い先輩が教育係についたものの、その先輩が自分の業務で手一杯になってしまったことから、2週間ほど「まずは部署のフォルダに格納されている資料を読んで、業務の流れを把握しておいて」という指示を出しました。

そして2週間後、先輩が新入社員の業務知識のレベルが上がったかどうかを確認したところ、業務の流れをほとんど把握できていなかったそうです。結局、先輩が再度手取り足取り業務について教えることとなり、その新入社員は事実上、約2週間をほとんど何もせず過ごしていたことになってしまったのでした。

こうした事態は、非常に多くの企業で起こっているように思います。この事例では、先輩は「資料を見ておくように」と指示したことで新入社員に役割を与えたつもりだったのでしょうが、役割には必ず、目標や責任、成果がついてくるものです。今回の事例で行われた指示には、そうした目標や求める成果は含まれていませんでした。だから新卒社員には、先輩社員が期待するような業務知識が身につかなかったのです。

もしも「資料を見て学ぶ」という役割を与えたかったのなら、学んだ内容をレポートとしてまとめ、2週間後に先輩に提出するという成果目標を設定すべきでした。漫然とした役割を指示しただけでは、能力の高い人材なら十分に求められる役割を果たすかもしれませんが、多くの人材は何をすべきか分からずに立ち止まってしまうことになります。それでは人材と時間の無駄遣いです。

一人ひとりの社員に求められる役割と成果があり、全社員がその割り振りに従って粛々と業務を進めている。そのような組織にならなければ、本当の意味で経営を最適化することは難しいのです。

所属員の役割を適切に設定できるようになると、自社にとって最適な社員数をすぐに割り出せるようになります。私の会社はこれまで、私が先頭に立って各部門の役割と目標を設定し、社員の役割を定めていきました。そのため、現在は社内に〝いつも何をしているのか分からない人〟や〝名ばかり管理職〟のような余剰人材は一切いません。業務に対して、人材のパフォーマンスを最大限に発揮できるような組織がつくれたと自負しています。

逆にいえば、人材に余剰がありませんから、人が辞めてしまうとその役割を担う人材を早急に探してこなければならないというプレッシャーはあります。しかし、昨今は人件費が高騰しています。人材に余剰を持たせてしまうと、それだけで年間のコストが大きく跳ね上がってしまいます。より効率的な経営を目指すためにも、社員の役割と目標を明確化し、それを現場に徹底させるということは強く意識して取り組んでほしいポイントです。

なお、役割をつくり、現場の社員に付与していくのは経営者の仕事です。現場の社員に役割をつくらせようとしてはいけません。なぜなら、社員による役割設定だと、おのおのの気持ちや考え方が優先され、組織の目的と大きくずれたものが役割として割り当てられるかもしれないからです。各社員の役割は、最終的に組織の大きな目的に紐づく必要があります。自社の理念やミッション、ビジョンを設定した経営者自身がそれを達成するために必要な行動を考え、現場に割り当てていくことが大切です。

ある程度の規模になると、なかなか経営者自身がすべての社員の役割を割り振ることは難しくなるでしょう。その場合、部門長に自社の目的を正確に理解させ、各部署内の現場の業務と目標に落とし込んでもらうとよいと思います。

会社には事業やサービスが存在する目的があり、社員はその目的を達成するために目の前の業務が割り振られている。この考え方を全社の共通認識にできると、社内の各所で業務がうまく回っていくはずです。

組織構造学の理論を経営に当てはめる

組織をシステマチックにとらえ、構造を最適化することができれば、組織内のさまざまな歯車が合致し始めます。そして、経営がおもしろいほどうまくいくようになります。

私の会社がその実例です。実は創業してから10年ほどは、経営がどうにもうまくいっていない実感がありました。

例えば事業拡大を目指して有限会社から株式会社へと組織変更を行った２００３年は結局、事業を縮小させることになってしまい、関東各地へと展開していた営業所を閉鎖・売却しました。その後、２００４年には新規事業を立ち上げられるほど業績を回復させることができましたが、逆にあまりにも急な成長曲線を描いてしまったために、２０１１年頃までは倉庫業や物流業の現場でさまざまなトラブルが頻発していました。

今ならそうしたトラブルが起こった理由が分かります。事業が思うように伸びなかったのも、現場が問題だらけだったのも、すべて私のせいです。私が経営者としての役割を全うせず、先陣を切って現場を導くことができなかったために、組織がうまく回らなかったのです。ところが当時の私は、トラブルの原因を現場担当者の意識の甘さや行動力不足の中に探していましたし、自分の感情や感覚を優先して指示や方針を出していました。

その結果、社内は常に人手不足で、新しい社員が次々と入ってくるにもかかわらず、教育が足りていないために新入社員は使い物にならず、一部の優秀な社員に仕事が集中し、かけたコストや労力のわりに業績が上がらないという歪《いびつ》な構造を抱えてしまったのです。

歪さに気が付き、原因と対策を考え始めたのは２００８年のことです。組織と自分を同一化して考えるのをやめ、誰もが同じ行動がとれるよう、社内のあらゆる部分を仕組み化しようと思うようになったのも、この気付きを得てからです。

そして、２０１２年からは、私が約４年間にわたって試行錯誤を重ね、確立させてきた組織づくりの理論を社内全体に適用させました。この年のことは、今でもよく覚えています。私は年度初めに、社員に対して「売上を増やさなくていい。今年は、５年後に20億円の売上高を達成するために（当時、私の会社の売上は13億でした）、未来への種まきとして組織づくりに徹したい」と伝えました。そして、私がまとめた組織構造学の理論を社員に教育しながら、組織の目的に沿って業務が上から下へと流れ、評価が行われ、それに見合った適切な報酬が支払われる仕組みを整えていったのです。

その結果、私の会社は飛躍的な成長を遂げました。２０１２年時点で５年後の売上高20億円を見据えていましたが、実際にはわずか３年でその目標を達成。２０１５年に売上20億円を突破すると、２０１９年には35億円に、コロナ禍に突入していた２０２１年、２０２２年も順調に成長拡大し、２０２２年には65億円の売上を達成しました。２０２３年には売上高が72億円となり、約10年で売上が６倍となりました。

システマチックに整えた組織の仕組みが機能し、社員が会社の目的に向かって、定められたルールの中で最大限のパフォーマンスを発揮できるようになると、これほどの効果が表れてくるものなのです。

組織構造学は、組織の基盤を整えるためのツール

ところで、組織構造学の研修やコンサルティングを行っていると、世の中には無数のマネジメント理論が存在しているため、それらとの違いを尋ねられることがよくあ

ります。そこで、改めてここで、組織構造学はほかの理論といったいどこが違うのかを少し整理しておきたいと思います。

昨今注目を集めているマネジメント理論は、「人」に焦点を当ててさまざまな取り組みを紹介しているものが多いように感じます。組織の中で社員に思うようなパフォーマンスを出してもらうために、上司の側がいかに部下の意識・意欲を高められるか。あるいは、個人がいかに自分のキャリアを描き、目の前の業務に対するモチベーションを高められるようにするか。そのような論点で語られた理論をよく見かけます。

私が先日知った理論の中では、このような内容が展開されていました。例えば、会社でいえば上司がある社員に特定の業務をやらせる際、その社員がどのような環境であれば意欲的にパフォーマンスを出せるかを考え、ゴールを明確に設定し、そこに到達するためのプロセスのイメージを社員に描かせるのだそうです。そうすることで、部下のマネジメントはうまくいくのだといいます。

そうした理論については、「なるほど」と思う部分がある一方で、25年以上にわたって経営の最前線に立ち続けてきた私としては、もう少し別の論点から組織運営を語るべきではないかと常々感じています。

私は、組織運営を最適化したいのなら、個人にフォーカスするのではなく、まずは組織の土台をしっかりと整えるべきだと考えています。組織構造学は、そうした私の考え方が大元にあるため、あまり個人の意識・意欲の向上や能力の引き上げについては論じていません。もちろん、組織の生産性を最大限に高めるうえで、現場の社員をある一定の基準までレベルアップさせることは必要ですから、そうした観点から社員の育成に関して理論をまとめてはいます。しかし、それはあくまでも組織をいかにつくるかという点から考えた理論であり、個人のキャリアビジョンの実現についてはほとんど重きを置いていないのです。つまり、昨今話題のマネジメント理論が個人を起点として組織づくりを考えているのだとすれば、組織構造学は組織を起点として組織づくりを考え、人材を最大限活かしながら、生産性を高められるような組織の土台を整えようとする理論だといえます。

こうした理論ができあがったのは、やはり私が経営者として自分の会社の規模拡大を経験してきたからだと思います。１９９８年に私１人で個人事業として始めた事業は、今では株式会社となり、グループ全体で約１００人の社員を抱え、70億円の売上を達成するまでに成長しました。会社の発展は、決して一筋縄ではいきません。事業が拡大し、社員数が増えるたびに、さまざまな問題が立ちはだかります。そうした問題と向き合い、どうすれば事業の継続・発展が叶うのか、どうすれば組織がうまく回るのかを考え続けた結果、完成したのが組織構造学です。いわば「経営者が経営と真摯に向き合ってつくり上げた考え方」だからこそ、組織の側から物事を見て、整えていく理論内容にまとまっているのです。

企業とは本来、経済学の定義に基づけば、人やモノ、カネ、情報などの経営資源を使いながら事業を行い、社会が必要とする商品・サービスを提供する経済主体です。長期的な利潤を追求するためには、個人の意欲やキャリア志向に頼った事業運営を行うよりも、誰もが同じように業務を遂行し、成果を出せる仕組みを整えたほうが会社として強い経営基盤ができます。私が組織構造学で目指しているのは、そうした強い経営基盤を備えた企業をつくるということであり、どのような人が入ってきてもうまく回っていく組織をつくるということなのです。

ポイントは人事、評価、マネジメントの3本柱

組織づくりとは結局のところ、地道な取り組みを積み重ねることにほかなりません。組織の土台の整備は、私の会社でも目に見えた成果が出るまでに3年以上の時間がかかりました。どのような企業でも、やはり数年以上の時間をかけてじっくりと取り組む必要があると思います。

そうした前提があったうえで、組織づくりのポイントとなるのは「人事」「評価」「マネジメント」の3本柱です。どのような人を採用し、どの業務を担ってもらうのか。業務上必要な能力をどのように身に着けさせ、成果を出してもらうのか。人事にまつわる領域は、中小企業の経営者であれば、何度も改善・改革を実行してきたと思います。「人」は大切な経営資源の一つだからこそ、組織の土台をしっかりと整えなければ、人事に関する施策はうまく回っていきません。付け焼刃の施策では、奏功しないのです。

また、社員が行った業務と出てきた成果をどのように評価するかという点も重要な

ポイントです。いくら人材配置や業務の割り振り、教育がうまくいっていたとしても、成果を正しく評価できない組織なのであれば、人材はいずれ流出してしまいます。適切な人事施策を打つだけでなく、いかに公明正大な評価基準をつくれるかという点は、組織づくりの成功を左右するといっても過言ではありません。

そして、人事と評価に必ず紐づいてくるのがマネジメントです。これは経営者による会社全体のマネジメントも含みますし、管理職による各部門のマネジメントも含みます。いかにルールを設定し、それを運用していくか。いかに現場の社員と適切なコミュニケーションをとり、彼らを育てていけるのか。こうした点はマネジメントの要であり、業務や伝達事項が上から下へと流れていく組織の構造を成立させるうえで大切な要素となります。

第4部

人材を活かすも殺すも経営者次第——
勘違いを一つひとつ正していけば
強靭な組織に生まれ変わる

組織構造経営のアップデート

私はこれまで、自分の会社も含めて多くの会社や団体の組織改革に携わってきました。その中で感じるのは「人材を活かすも殺すも経営者次第」だということです。これは何も、経営者の力量や度量が人材活用に影響すると言いたいわけではありません。いかに経営者が自社の組織改革を本気で望み、本気で取り組み、動かそうとしているか、これが組織改革の成否を大きく左右します。あえて言葉にするとごく当たり前のことに聞こえますが、それでもやはり、組織改革の成否はその1点に尽きると思っています。

「良い会社にしていきたい」と口では言いながらも、経営者が本気でそう思っていなければ行動には現れません。しかし、組織は小さな行動の積み重ねによって変化が生まれます。経営者の日々の行動や意識の変化がなければ、会社はいつまでたっても変わらないのです。

大事業を完成させるには、不断の努力が大切だという意味の「ローマは一日にして成らず」ということわざがありますが、組織構造学の実践もまさにそれと同じです。組織構造の盤石化は一日にして成らず、です。既存の仕組みで動いている組織を変えるのには、とても大きな労力がかかります。現場の役割分担がなされていなかったり、各社員に目標達成の意識がなかったりすれば、組織構造の根本的な部分から現場に理解してもらわなければなりませんから、組織が本当の意味で変わり始めるまでに、かなりの時間を費やします。組織をあるべき姿に変えるためには、たとえ小さくても日々の取り組みを継続し、検証を重ねていくことが何よりも大切なのです。

組織のあるべき姿とは、組織に所属する全員が組織の目的の実現に向かって役割を果たしているという状態です。会社の理念やミッションの達成に向け、会社として行うべき仕事を各部門に割り振り、各部門の部門長がそれを課やチームにさらに割り振って、課長やチームリーダーが現場の社員の各業務へと落としていく。上から下へと業務指示が流れていき、各社員の業務には成果目標と責任が明確に紐づいている。そして、各社員が出した成果に基づいて給与が支払われ、成長がみられるのであれば、その部分も評価体系に則って正しく評価されていく。そうした全体のシステムが滞ることなくうまく回っていく組織が、本来あるべき会社の姿です。

そこに無駄は一切ありません。人の感情や価値観が入り込み、人対人の対立で悩むこともありません。ただルールに則って、粛々と仕事が進められていく。それこそが、組織の理想の姿です。

以前、コンサルティングに入っていたある会社では、社内のあらゆる業務や問題について、いちいち社長に確認をし、問い合わせなければならないという体制になっていました。それは理想の組織像とは真逆の姿です。「誰かが常に物事をジャッジしている」という状態をなくし、現場からややこしく思い悩む時間を削減していくことが経営者のやるべきことであり、それが実現できてはじめて、組織の生産性は格段に上がっていくのです。

しかし、ビジネス環境は絶えず変化しています。一度つくった組織のルールや業務内容が、時代の変化に合わなくなったり、不要になったりすることもあるかもしれません。あるいは、新たなルールが必要となることもあり得るでしょう。

最近は、AＩをはじめとしたさまざまな技術の発展がまさに日進月歩で、目覚ましいものがあります。例えば、我々のような物流業においても、ドローンとAＩによる配送自動運転技術がさらに進化すれば、トラックによる配送ではなくドローンによる配送に置き換わり、ドライバーではなくドローンをコントロールするような仕事が新たに必要になるかもしれません。そうすれば、社内の業務内容もドライバーをドローン操縦者に更新し、その職務に求める能力要件も新たに設定したうえで、ドローンを使った配送を行う際の細かなルールもつくらなければなりません。きっとその頃には国による法規制もさまざまなものができているでしょうから、そうした法律への対応業務も、別途担当者を置いて考える必要が出てくるはずです。あるいは、生成ＡＩが現在よりもさらに発展し、セキュリティの問題などがクリアできるようになれば、現在は人力で行っている倉庫管理や配車業務についても、ＡＩに任せることができるようになるかもしれません。

そういった〝過去になかったもの〟が出てきた際は、組織としてあるべき業務の流れはしっかりと押さえながらも、新たな組織のあり方やルール、業務の割り振りを考えていくことになります。その意味でも、組織構造学に基づいた組織づくりは、ひととおり取り組んだから終わりという性質のものではなく、常にアップデートしていくことが欠かせません。

経営者にとって、組織づくりは永遠の課題だと割り切ることが必要かもしれません。いかに時代の流れや社会の様相に合わせて自社の存在意義を見いだし、社員とともにその存在意義を叶えていくのか。ＶＵＣＡ時代には、経営者としての覚悟がより一層問われているように思います。

大事なのは定期的なチューニング

時代の変化に合わせて組織をアップデートしていくということは、何も定期的に組織を大改編する必要があるというわけではありません。組織を動かしていると、現場では日々「これってどう対応すればいいのだろう？」という新たな問題点や疑問が浮かび上がってきます。その問題や疑問に一つずつ対応し、次回同じことが起きたときにスムーズに対応できるよう、ルール化・仕組み化をすればよいのです。

私は社員から何か相談されたり、質問を受けたりすると「それはうちの会社のルールにあるのか」と口癖のように話します。そのうえで、ないならルールに加えるか、すでにあるけれど正しく機能していないようだから修正しようといった判断を行います。そのように、私の頭の中には、「組織とは、誰が見ても分かるルールのもとに動かしていくもの」という意識があります。それゆえに、現場から何かイレギュラーな事例に関する質問や相談があると「現状のルールはどうなっているんだっけ？」と思考が働くのです。

経営者がルール化の有無を口癖になるまで徹底できるようになると、社内にあるさまざまな業務とそれに紐づく判断、指示・命令が自分の手から離れていく実感を得られると思います。よく「うちの社員は俺がいないと駄目なんだよ。現場で全然判断できなくて」と半ば自分のカリスマ性を誇示するかのように言う経営者もいますが、それは卵が先か、鶏が先かという話で、経営者のほうがルール化を意識できていないために、組織内にあるさまざまな業務が自分の手から離れていかないのです。経営者が常に仕事と時間に追われている組織は、健全な組織とはいえません。もちろん、創業したばかりの時期などは人手がありませんから、社長自ら仕事を一手に引き受けることもありますが、創業からある程度の時間が経ち、社員数も一定規模を超えてきた会社であれば、社内のルールと組織構造を整備して、自分がいなくても回っていく組織をつくることが大切です。そうしてこそ、自社の可能性をさらに拓くことにつながります。

ただ、あらゆることをルール化するだけでなく、柔軟さを持ち合わせることも忘れてはいけません。一度決めたルールは変えてはならない、ルールで決まっているから絶対にそれを逸脱しては駄目というふうにしてしまうと、現場は鎖でがんじがらめに縛られてまったく動けなくなってしまいます。そうではなく、設定したルールの中で現場が物事を判断しようとしたとき、何か不具合が生じるのであれば、ルールを見直して修正や追加をすることが必要です。

私の会社でも、よくルールの修正を行っています。つい先日も、子会社の評価の仕組みを改変したばかりです。その子会社には、中枢部門で大変に活躍してくれていた社員がいたのですが「結婚して子どもができ、もっと稼がなくてはならなくなった。この会社では給料の先が見えてしまっているから退職したい」と退職を願い出てきました。それを知った子会社の社長は、なんとか退職を思いとどまらせたいと思い、私に「この社員が辞めると痛手になる。なんとかできないか」と相談してきたのです。

この社員の退職理由は「子どもができたからもっと稼ぎたい」というものなので、原因を解消するには、給与アップを提示するのがいちばん簡単な方法です。しかし、それをしてしまうと、子どもができた社員全員に給与アップを提示しなければならなくなってしまいます。それだけのリソースはまだその子会社にはありません。だからといって、何の対策も打たずにこの社員を逃してしまっては、現場に混乱が生じてしまうのは目に見えていました。そこで私は子会社の社長と話し合い、退職を願い出てきた社員に「担当業務の経費を半年間で５％削減する」という新たな成果目標を設定し、それをクリアできたら評価をする、つまり昇給させるということにしました。つまり、昇給分の原資を、経費削減という方法を通じて、自分で確保させようと考えたのです。その条件を例の社員に提示したところ「転職せずに昇給が叶うならありがたい」と退職を取り下げ、成果目標に挑戦し、見事に達成。社員も会社もWin-Winになる形で昇給を実現させることができました。

この「担当業務の経費を半年間で数％削減できたら評価をつける」というルールは、子会社の正式なルールとして採用され、ほかの社員にも適用されることになりました。この先、年収アップを理由に退職を考える社員が出てきたとしても、こうしたルールがあることを伝えることで、人材流出の防止につながっていくはずです。

このように、ルールは一度定めたら不可侵なものとするのではなく、その時々の状況に応じてチューニングをしていって構わないのです。ただし、なんでもかんでも変えてしまうとルールの意味がないため、起きている問題と現状のルールを照らし合わせながら、既存のルールで対応することは本当にできないのかを一度考えます。そのうえで、どうしても現在のルールでは対応が難しい場合に、次回また同じことが起きたらどう判断すべきかを、ルールの中に新たに盛り込んでいくと、良い形でルールの修正ができると思います。

ルールや仕組みは、組織の基盤を強固なものにするうえで絶対に必要なものですが、それを絶対視しすぎてはいけません。大切なのは、定期的な見直しとチューニングです。それができてこそ、柔軟性があるけれども根幹の揺らがない、強い組織が出来上がるのです。

企業の成長ステージに応じて変化する人材活用

組織の基盤が出来上がってくると、次第に業績も上向いてきます。すると、事業や人員の規模が拡大し、自社のステージが一段上がった感覚を覚えます。まさにそのタイミングが、自社の組織構造とルールを改めて見直し、人材活用に変化を加えるチャンスです。

企業や事業には、次のようなライフサイクルがあるといわれています。

【導入期】　創業したばかりで、会社や商品・サービスの認知度が低く、コストがかかる時期。売上の伸びは非常に緩やか。

【成長期】　売上が最も順調に伸びていく時期。シェア拡大、最大化を目指す時期で、管理体制の強化やキャッシュフローの見直しが求められる。

【成熟期】　売上が安定する時期で、場合によっては緩やかに下降する可能性もある。競合他社との差別化や新たなビジネスモデルの展開など、事業計画の見直しが必要となる時期。

【衰退期】　需要が落ち込み、売上が下降する時期。赤字事業の撤退や売却、事業の抜本的改革などが必要になるタイミング。

自社の現在地が導入期であれば、まだまだ事業を伸ばしていくことに集中すべきですが、もし成長期や成熟期にあると感じているのであれば、事業の可能性を広げるためにも、組織をあるべき姿へと整えていくことが欠かせません。特に中小企業は、大手企業のようなシステマチックな組織体制になっていないことがほとんどですから、組織構造学に基づいて、あらゆる業務のベースとなる指揮命令系統の整備や管理職の育成、ルール化・仕組み化を行っていけば、自社の生産性が上がり、事業も新たな展開を迎えることができると思います。

実際、私の経営する会社も、２０１２年に本腰を入れて組織づくりに取り組み、営業に特化した営業部、人事業務に特化した人事部を整えたことで、業績を大きく伸ばすことができました。実はそれまで、中小企業ではよくあるように、営業や人事、労務の仕事は、現場の物流・倉庫業務を手がける部門が兼務して行っていたのです。しかし、事業が一定規模を超えてくると次第に兼務では顧客の要望に応えきれなくなり、人事・労務関連の業務にもエラーがたびたび生じるようになってしまいました。そこで人事や営業の専門部隊をつくったところ、各部門がそれぞれの専門業務に集中できるようになり、２０１５年には実現に高いハードルを感じていた売上高20億円にまで到達、業績を大幅に伸ばすことができるようになったのです。

中小企業や零細企業の場合、1人の社員でなんでも業務をこなすケースが多いと思います。各社員の対応範囲が広く、マルチタスクを求められます。それは常に人手不足にある中小・零細企業にとって効率的な人材活用の方法であるように見えますが、もう一段高いところから企業全体の生産性を俯瞰し、その方法は自社の成長の幅を狭めてしまっていることに経営者は気付かねばなりません。

マルチタスクと専門タスクの生産性の違いを独自の方式で比較すると次のようになります。仕事量「5」の仕事を1人

図2　企業のライフサイクル 4つのステージ

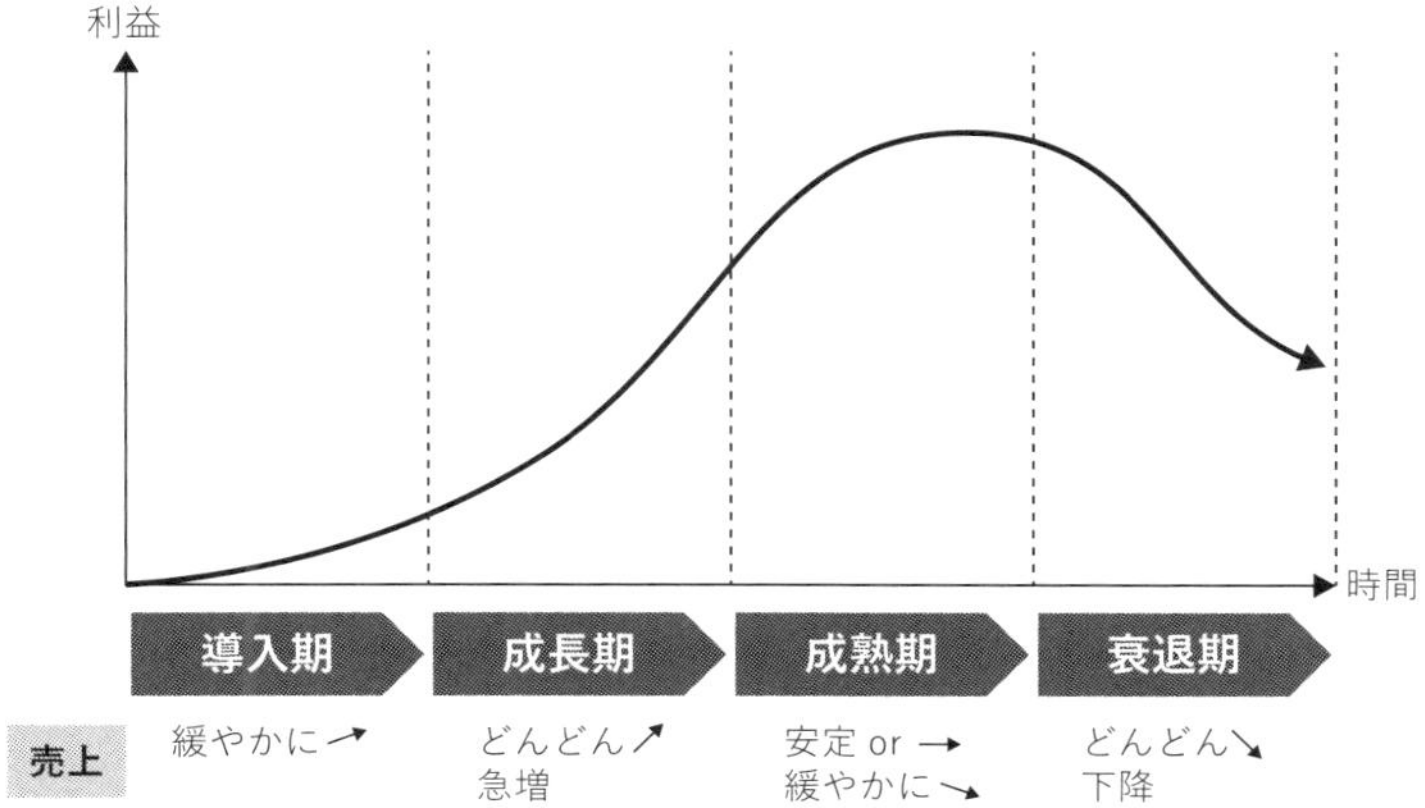

で10個こなす社員が5人いる組織の生産性は仕事量5×10個×5人＝250です。しかし、1人でこなせる仕事は1個だけれども、その仕事に集中できるために仕事量が格段に伸び、100の仕事量をこなせるようになった社員が5人いれば、それだけで全体の生産性は、仕事量100×1個×5人＝500です。社員数は同じでも、生産性においては2倍の差がつくのです。

創業当初は仕方のない部分があるものの、事業をさらに伸ばしていきたい、会社をさらに成長させていきたいのなら、そうした個人の仕事量と会社全体での生産性の最大化に意識を配り、システマチックな組織をつくることに注力すべきなのです。

そのことに気が付いた私は、営業部と人事部を整えたのち、経理部や労務部、総務部なども整えていきました。その結果、本書を執筆している2024年時点で、2023年度の売上は70億円を突破しています。組織が大きくなると、それだけ人材活用もうまくできるようになります。会社が成長し始めた最初のフェーズでは、生みの苦しみがありますが、それさえ乗り越えれば、人材活用は非常に楽になります。その段階を目指して、ぜひ諦めずに組織づくりに取り組んでいただければと思います。

ちなみに、個人の仕事量と会社全体での生産性の最大化を意識した組織づくりを行いたいと思っても、自社においてどのような組織体系が良いのか分からないと感じる経営者も多いと思います。そうした経営者に対して、私が組織改革コンサルティングでよくアドバイスするのは、２年後の「理想の組織図」を描いてもらうというワークです。そのワークを行ったうえで現在の組織図と見比べてみると、２年後の成長に向けて、不要だと感じる部署や併合したい部署、新たにつくりたい支店など、経営者が自社をどのようにしていきたいのかがはっきりと見えてきます。理想とする将来の組織像が見えてくれれば、あとはそこに向かって組織を整えていくだけです。数年後、自社をどのような組織にしようかと漠然と考えると難しさがありますが、組織図をベースにして考えていくと取り組みやすいと思いますので、困った際はぜひ一度取り組んでみてください。

ただし、組織づくりに本腰を入れると、創業メンバーの退職など一時的な副作用が出る可能性があることは覚悟をしておいてください。私の会社にも、そうした時期がありました。組織構造学を取り入れ、社内の指揮命令系統と明確なルールを整え始めたら、創業時から私の近くで活躍してくれていた２人の役員が会社を去っていきました。彼らはとても優秀なメンバーでしたが、同時に、優秀すぎるがゆえに、会社のルールを無視して個人の感覚で仕事をしてしまう側面がありました。当時は私も2人の退職に少なからずショックを受けましたが、今では仕方のないことだったと納得がいっています。もしもあのまま2人を引き留めていたら、私の会社の現在のような成長はあり得なかったでしょう。こうした副作用はこれまで組織づくりに力を入れてこなかった会社ほど、さまざまな場面で起こってくると思います。しかし、それでも恐れずに組織の基盤を整えていくことが大切です。

個人の力で到達できる未来は、あくまでも自分が想像できる位置にしかありません。多くの人間の力を合わせ、組織全体で前に進んでいくからこそ、思いもよらない推進力が生まれ、想像もしなかった未来へとたどり着くことができるのです。

これからの〝理想形〟

私の経営する物流会社も、2023年に売上高70億円を突破してから、企業としてまた新たなフェーズに入ったと感じています。決して簡単な道のりではないことは間違いありませんが、売上１００億円の達成も絵に描いた餅ではなく、現実的に実現させることが可能なレベルまできています。会社としてさらなる成長を追い求めるためには、やはり社内の仕組み化は必須であり、一人ひとりの社員が着実に成長していけるよう引き続きマネジメントを行うことが欠かせません。私はこれからも時代の変化も踏まえつつ、組織構造学の理論を磨いていきながら、自社の現在地にふさわしい取り組みを行っていくつもりです。

その中の一つとして最近力を入れつつあるのが「誰もが自分の持てる知識や経験、スキルをほかの人に教えることができる環境」の整備です。

私の会社では２０１２年頃から組織づくりに力を入れ始め、組織構造学の考え方を社内に浸透させてきたことで、ここ２～３年で組織の土台はかなり盤石になってきたように思います。そのおかげもあってか、コロナ禍に突入しても順調に売上を伸ばすことができましたし、むしろ需要が伸びた物流業に対して、新たなビジネスチャンスをしっかりとつかむことができました。

社内では、私のつくったグループ理念「ＢＳホールディングスは、お客様にとって関わりやすく継続して任せられる存在であり、お客様の物流に関わる全てのことにお応えできる企業です」がしっかりと浸透しています。この理念が根幹にあったうえで割り振られた業務に各社員が従事し、不足する知識や技術に関しては適宜教育を受けながら、設定された目標に対して、それぞれが成果を上げることができているという好循環が生まれています。

人に役割を与え、教育を行うことで人が育ち、各自が成果を持ち帰ってくる。このサイクルがうまく回り始めたことで、私の目標は次のフェーズへと移りました。今はもう「会社の基盤を整えること」や「人を育てること」を理想の組織像に掲げる必要はなく、次は「どんな社員でも、後進育成ができる組織」を目指したいと思っています。

人は職場環境や待遇がどれだけ良くても、退職するときは退職をします。いくら給与が業界水準よりも高くても、いくら人間関係が良く、仕事にやりがいを見いだせていたとしても、入社して5～6年が経つと「ほかの会社で腕試しをしてみたい」と辞めていってしまう人もいるのです。実はその事実にこの数年で気が付き、これからの組織づくりは、組織の基盤をしっかり整えることができたあとは、人が辞めることを前提とした仕組みづくりもプラスして行わなければならないと感じています。

まだ取り組みを始めたばかりですが、組織構造学のマネジメントの考え方を現場社員にも学んでもらいながら、いつでも自分の担当業務をほかの人にレクチャーし、引き継げる組織づくりを強化していきたいと思います。

役職者だけでなく、現場の一般社員も含めて誰もが知識や技術を周囲に共有可能な環境をつくることができれば、子育てや介護をしている社員も、現在よりさらに働きやすくなるでしょう。それはすなわち、どのような社員でも仕事のしやすい組織づくりにつながります。多様な背景を持つ人材を活かせる会社は、これからどのような社会の変化が訪れようとも、柔軟に対応し、生き残っていくことができるはずです。

そして、多様性のある組織という観点でいえば、私はこれからの時代、中小企業は特に外国人人材を活かせる組織づくりも視野に入れる必要があると考えています。私の会社でも、倉庫での業務などにおいては、ベトナムから来た人材を雇っているケースがあります。外国人人材は、日本語が使える人もいますが、そうではない人もたくさんいます。そうした日本語が堪能ではない外国人人材に向けて、どのように業務指示を出すか、必要な知識や技術を伝達するかは解決がなかなか難しい問題で、創意工夫が必要です。日本語が読めない、あるいは会話でも難しい言葉は分からない外国人人材に、こちら側の意図を齟齬なく伝えるにはどうしたらいいのか、私の会社では今日も、イラストや動画を使った教育を行うなど、さまざまなアイデアを基に工夫を行いながら、最適解を探しているところです。

誰もが、どのようなバックグラウンドを持つ人に対しても、自分の持てる知識や技術を教えることができる組織をつくる。この目標に関しては、まだまだスタートラインに立ったところですが、これからこの新たな組織像の実現に向けて、尽力していきたいと思います。

組織構造学は、私の経営者としての経験を実践知として組み立て直し、まとめたものです。そのため、こうした新たな取り組みを行う中で、理論化可能な実践知が増え、「組織の盤石な土台をつくる」という根本的な部分は変わらないものの、理論としてはさらにアップデートを図る時期がくるのだろうと思っています。

私がこの先目指すのは、すべての会社や団体で組織構造学が浸透した世界の実現です。本当に大きな夢ですが、あらゆる経営者や団体の代表が組織のあるべき姿を理解し、組織の構造を整えることで、日本のビジネス環境はもっともっと仕事がしやすいものへと変わっていくと信じています。特に日本は悪しき慣習が残ってしまっているために、他国と比べても生産性の低い社会だと指摘されています。公益財団法人 日本生産性本部の調査「労働生産性の国際比較」によれば、２０２２年の日本の時間当たり労働生産性（就業1時間当たり付加価値）はＯＥＣＤ加盟38カ国中30位で、１人当たりの労働生産性は１９７０年以降最も低い、ＯＥＣＤ加盟38カ国中31位だったことが明らかになりました。

こうした生産性の低さは、いまだ日本のさまざまな組織に残る、人の感情や思考が入ってしまう組織構造がゆえに起こっているのだと感じています。例えば、大企業にありがちなパソコン１つ購入するのにいちいち役員決裁まで通さなければならない意思決定の仕組みです。すんなり決裁が通ればまだ良いのですが、役員によって通ったり、通らなかったりする。それを避けるために、決裁前に役員に根回ししておく必要がある……など、本当に〝無駄〟でしかない、何も新しい物事を生み出さない、昭和の時代の調整業務が、令和になった現在もなお多くの企業で続けられています。

組織構造学が浸透し、各社が自社の目的とルールに基づいた意思決定を行い、業務を上から下へと降ろし、割り振っていけば、こうした生産性の低さは大幅に改善されていくはずです。そしてそれは、組織内で余計な考えや判断が不要になるということですから、あらゆる社員が仕事をしやすい組織へと変わっていきます。

本書をきっかけに、組織構造学をより多くの人に知ってもらい、日本全国にこの考え方を浸透させることができたら、きっと日本はもっともっと良い国になっていくはずです。そうした未来の実現に向けて、自分の会社だけでなく、組織構造学の研修やコンサルティングについても引き続き、力を注いでいきたいと思います。

おわりに

中小企業の経営環境は、これからますます厳しくなっていくことでしょう。

中小企業庁の『中小企業白書 2024』では、国内の実質GDPが3四半期連続のプラス成長となり、中小企業の業況判断DIも約30年ぶりに高水準に回復しているという記述もありましたが、一方で少子高齢化は確実に進んでいます。内閣府の『令和5年版高齢社会白書』によれば、生産年齢人口は、2032年に7000万人を割り、6971万人となる見込みです。2020年時点での生産年齢人口が7406万人ですから、その差は実に435万人です。労働者がそれだけ減るということは、当たり前ですが、日本の人手不足はさらに加速し、深刻化します。その影響を真っ先に受けるのは、悲しいかな、我々中小企業です。ますます減っていく人口を前に、自社の採用力を高めるのも限界があります。これからは外国人人材の活用も含め、どう人繰りをつけるのか、今まで以上に真剣に考えていかなければならないと思います。

しかし物価高で原材料費や人件費が高騰し、得られる収益が大きく減っている中で、人材採用、人材育成に湯水のように投資をするわけにはいきません。やはり、中小企業にとっては、今いる人材をどう活かし、組織のパフォーマンスをどう最大化させるのかが、維持・存続の鍵になるといえます。

ですが、本書を読んだ皆さんなら、もう大丈夫なはずです。組織とは本来どのような姿であるべきなのかを理解し、基盤を整え「勘違いマネジメント」を正すことができれば、この先にどのような経営環境が待ち受けていたとしても、生き残りを図るだけの力が蓄えられていることと思います。

ただ、組織構造学の理論の実践は、一朝一夕にはできるものではありません。また、組織によって解くべき課題は大きく異なりますから、理論をすべて実行することが正しいとも限りません。組織をより良い方向へと変えていくためには、どの課題から取り組むかが重要です。一気にすべてを改革することはできませんから、まずは自社の課題を洗い出し、優先順位をつけて、状況を動かしやすい課題から手をつけていただければと思います。

組織構造学の理論に触れる中で「自分の会社に今足りていないのはこの部分だ」と

気が付いたことがいろいろとあると思います。それを正しい形へと整えていく。それだけで、組織は大きく変わります。

本書は、あくまでも手引書です。この本に書かれた内容を、各企業の組織のあり方を点検するきっかけにしてもらえれば……そんな気持ちで、筆を執りました。だから、本書は常に手元に置いてバイブルとするよりも、時折読み返してみて「今、自分の会社は大丈夫かな？」と基本的な構造や仕組みを見直すために活用してください。

組織の基盤が完成し、正しい組織のあり方で自社の業務が進むようになると、経営者には時間が生まれます。実際私も、創業した会社のほうでやるべき仕事はほとんどなく、とても暇です。会社のほうも、私が仮に毎日ゴルフに行っても問題なく回るようになりました。それどころか、業績は伸び続けています。

経営者に時間ができるのは、良いことです。時間があればこそ、自社の今後のビジョンを改めてじっくりと考え、精度の高いものに仕上げることができます。あるいは、経営者ならではの嗅覚で、新規事業を手がけることもできます。私も、自分の会社のことを細かく見て、問題解決に携わることがほぼなくなったからこそ、こうして組織構造学の理論をまとめ、組織改革コンサルティングを新たな事業として行うことができるようになりました。

こうした新規事業は、未来への種まきです。もし現在の事業が時代の変化で不要になってしまっても、次の時代の主軸になりうる事業があれば、会社は生き残っていくことができます。組織の構造を正しい形に整えることができれば、会社として柔軟性が生まれ、この先どのような経営環境となったとしても、存続することができるのです。そのことをぜひ、忘れないでいただければと思います。

本書の執筆は、私の頭の中の引き出しを開け閉めしながら、要素を整理して、まとめ上げる作業の連続でした。そもそも、書籍を出版しようと決めたのは、これまでコツコツと積み上げてきた理論を体系立ててまとめる良い機会だと思ったからです。その狙いどおり、今回の執筆作業を経て、これまでの出来事も含めて「組織構造学とは何か」と改めて振り返り、私自身も視野を広げながら、理論をさらにアップデートすることができました。

私は、もともと社長になりたくて、20歳の頃に知り合いの社長の勧めで、まずは個人事業主として起業しました。最初の資産は軽トラック1台だけという何とも心もとない状態の中で、中堅運送会社の下請け業務から始めました。それから2年後に法人を設立。小さいながらも会社の社長として社員を抱えながら、今日まで本当に〝なんとかやってきた〟という感覚です。

その道のりは、周囲からは順調に見えていたようですが、私としては苦難の連続でした。私には、会社勤めの経験がほとんどありません。10代後半にほんの3年間、会社員をしていただけで、その期間で経験できたことはたかが知れています。だからこそ、創業後10年ほどは、社内で発生した問題をうまく処理することができずに、絶えず会社のことで頭を悩ませていました。特に難しかったのが、人間関係にまつわる問題です。この種類の問題は常に社内で勃発し、毎日をその場しのぎで乗り切るので精一杯。本当に文字どおり、毎日が綱渡りの状態でした。

そうした状況を乗り越え、経営者の目線から生み出した理論だからこそ、きっと本書に書いてある内容は、中小企業の経営に大きく役立つと思います。組織構造学を実践することで、多くの企業に前向きな変化が訪れることを願ってやみません。

とはいえ、組織構造学の追究は、これで終わりというわけではありません。私はこれからも、引き続きより良い組織づくり、より良い会社経営と向き合いながら、理論を磨いていくつもりです。

最後に、本書の制作にあたって、過去のコンサルティング事例や理論の内容のピックアップの部分で何時間にもわたって壁打ちに付き合ってくれた杉渕敦くんに感謝します。

そして末尾にはなりますが、本書が中小企業経営者の行く先を照らし、魅力的で強固な組織に変革する助けとなれば幸いです。組織構造学がより多くの企業で活用され、日本全体の生産性向上に貢献できることを心から願っています。

株式会社ＢＳホールディングス
代表取締役社長　大石和延

大石和延（おおいし かずのぶ）

1978年東京生まれ。1998年アルバイト先の関連会社社長の勧めで起業。最初は軽トラック1台で中堅運送会社の下請け業務からスタートし、3年後には法人設立。2003年株式会社へ組織変更。2004年に倉庫・物流・製造業に特化した人材サービス事業を開始、2007年ビーエスロジスティクス株式会社設立、3PL事業を開始（現ビーエスロジスティクスシステムズ株式会社）。2013年には株式会社BS・ビーエスロジスティクス株式会社の持ち株会社として株式会社BSホールディングスを設立。2014年に東京神田にて通関会社を設立（現ビーエストレードアンドフォワーディング株式会社）、2016年にトランクルーム宅配サービスの株式会社ものくるを開始設立、2020年に大阪市の関連会社を買収し現在はビーエストレードアンドフォワーディング株式会社と合併させ同社大阪支社に、2021年に冷凍冷蔵倉庫専門の物流事業のビーエスプラスチルド株式会社を設立して物流サポートの対応領域を拡大しながら現在に至る。2018年株式会社OEC法人サポートを設立し、現在は組織運営の講師としてさまざまな業種の組織構築をサポートしている。

本書についての
ご意見・ご感想はコチラ

気付かぬうちに社員の生産性を下げる
勘違いマネジメント

2024年11月15日　第1刷発行

著　者　　大石和延
発行人　　久保田貴幸

発行元　　株式会社 幻冬舎メディアコンサルティング
〒151-0051　東京都渋谷区千駄ヶ谷4-9-7
電話　03-5411-6440（編集）

発売元　　株式会社 幻冬舎
〒151-0051　東京都渋谷区千駄ヶ谷4-9-7
電話　03-5411-6222（営業）

印刷・製本　中央精版印刷株式会社
装　丁　　秋庭祐貴

検印廃止

Printed in Japan
ISBN 978-4-344-94844-0 C0034
幻冬舎メディアコンサルティングＨＰ
https://www.gentosha-mc.com/